Hunangofiant menyw ganol oed-ish.

Rhian Williams.

Gomer

Cyhoeddwyd gyntaf yn 2018 gan
Wasg Gomer, Llandysul, Ceredigion SA44 4JL
www.gomer.co.uk

ISBN 978 1 78562 244 1

Cyhoeddir gyda chymorth ariannol
Cyngor Llyfrau Cymru.

Argraffwyd a rhwymwyd yng Nghymru gan
Wasg Gomer, Llandysul, Ceredigion.

Er cof am Andrew, Gill ac Wncwl Lewis,
ac wrth gwrs Dad.
Caru ti Dad x

CYDNABYDDIAETHAU

Hoffwn ddiolch i Marian ac Eirlys a Roy am adael i fi rannu fy mreuddwydion a siarad jibberish, yn enwedig tra eu bod nhw yn trial gwylio gemau Man United. Diolch i Eryl fy chwaer am gyfeiro ata'i fel ei chefnder Rhian yn ei pharti priodas a Merys y chwaer arall am ddangos na ddylid dala nôl rhag dangos brwdfrydedd, yn enwedig tra'n gweiddi at y reffarî a canu 'Hymns and Arias' mewn gemau rygbi rhyngwladol.

Diolch i Anti Menna am stopo fi rhag taflu 'chow mein' dros y bwyty Tseiniaidd ym Mhorthaethwy pan ges i ddeuddeg pwynt ar fy nhrwydded gyrru, Sara Harris-Davies Ball am brofi nad yw'n bosib cael enw sydd yn rhy hir ac am ddangos mai y pethe gore yn y byd yw gofalu am rhywun arall a chwerthin nes bod eich asennau yn brifo.

Hoffwn ddiolch i'r rheini sydd wedi dweud wrtha'i na fedrai neud rhywbeth, yn ogystal a'r rheini sydd wedi dweud wrtha'i bod unrhywbeth yn bosib i mi – mae pob wan jac ohonoch chi wedi fy ngyrru ymlaen. Ac yn olaf hoffwn ddiolch i Mam o flaen llaw am faddau i mi am y pethe dyw yw hi ddim yn mynd i lico yn y llyfr.

RHAGARWEINIAD

Wedodd J.K. Rowling wrtha i Nadolig dwetha, "Rhian, ma' 'da ti lot o storis am dy gyfnod yn gweithio yn y byd teledu a ffilm yng Nghymru. *For God's sake* paid bod yn hunanol a chadw nhw i ti d'unan – rho'r *profiterole* 'na lawr, cer gartre a rho nhw ar bapur achos ma' pobol angen laff ar hyn o bryd."

"Joanne," wedes i, "ti'n eitha reit."

A dyna fuodd. Felly, dros y naw can tudalen nesaf byddaf yn rhannu gyda chi, bobol hyfryd, rai o'r profiadau difyr sydd wedi fframio fy ngyrfa.

Ond cyn cychwyn hoffwn esbonio sut ddechreues i yn y busnes ni'n galw'n *show*.

B.C.T. (Bywyd Cyn Teli)

Mae Mam yn mynnu, er 'wi'n cofio dim, ei bod wedi holi ar ddiwedd fy niwrnod cynta yn Ysgol Gynradd Dewi Sant beth o'n i wedi dysgu ac mi atebais yn llawn balchder:

"Ogi Ogi Ogi? Oi Oi Oi."

Sai'n meddwl o'dd hi'n hapus iawn achos ma' hi'n dal i fynd 'mlan am y peth heddi a 'wi'n fforti-rhywbeth. Ond os oeddech chi'n magu'ch plant yn Llanelli – tref oedd yn obsesiynol am rygbi yn y saithdegau a'r wythdegau – roedd medru sgrechen 'Oi Oi Oi' ar deras Parc y Strade yn bwysicach nag adrodd ar gof unrhyw soned gan Shakespeare. Rygbi oedd iaith y dre. Parc y Strade oedd fy ail gartre.

Dyna lle roeddwn yn cyfarfod fy ffrindie. Dyna lle ges i fy mlas cyntaf o deimlo'n rhan o gymuned. Dyna lle dysgais am bwysigrwydd hiwmor oherwydd ymysg y torfeydd fyddai'n ymgasglu trigai meddyliau a thafodau mwya siarp y bydysawd.

Ennill neu golli, roedd Parc y Strade yn fwrlwm o hiwmor a sawl dyfarnwr wedi teimlo llid lleisiau'r dorf sgarled os nad oedd pethe yn mynd o'n plaid.

"Hey, Ref, your wife's on the phone" neu "Oi, Ref, your guide dog is barking in the changing rooms". A phawb yn rhuo wherthin.

A dyna lle ges i'r cyfle i dreulio amser amhrisiadwy gyda fy nhad.

Chi'n gweld, ga'th Mam a Dad – sef Jean a Heddwyn – dair merch, sef Merys, Eryl a finne, Rhian. Tair merch, a Dad yn dwlu ar bob un ohonon ni. Roedd Dad yn boncers am chwaraeon, yn enwedig y pethe hynny oedd yn ymwneud â chicio, pasio neu fwrw pêl. Ond do'dd dim isie iddo fe boeni na chafodd e fab oherwydd cyn gynted ag o'n i'n ddigon hen i gerdded mi fydden i wrth fy modd yn hebrwng Dad i Abertawe i wylio Morgannwg yn whare criced; whare snwcer (yn ddiawledig o wael) yng Nghlwb Terry Griffiths; whare bowls lawr y parc ac wrth gwrs cefnogi'r cochion – Llanelli neu Gymru – pob cyfle posib. Pan o'n i'n blentyn roedd gan Dad a rygbi un peth enfawr yn gyffredin i fi – roeddwn i'n caru ac yn addoli'r ddau ohonyn nhw. Falle 'mod i a thîm Cymru wedi newid dipyn dros y blynyddoedd ond newidith hwnna byth.

Bu Dad farw dros bymtheg mlynedd yn ôl ac eto bob tro 'wi'n gwylio gêm 'wi'n teimlo ei bresenoldeb wrth 'yn ochor i. Bydde'r ddau ohonom yn trio'n gorau glas i beidio beichio crio cyn cyrraedd cytgan 'Hen Wlad Fy Nhadau' ac yna awr a hanner o nerfs yn janglan cyn naill ai gorfoleddu neu bwdu, a rhoi'r bai ar unrhyw un neu unrhyw beth – y reffarî, y gwynt, y bêl – UNRHYW BETH oni bai am ein bois ni.

Felly tra oedd Merys ac Eryl yn darllen *Jackie* ac yn arbrofi gyda cholur a breuddwydio am labswchan gyda David Cassidy, roeddwn i'n gwrando'n ddi-baid ar LP Max Boyce *Live at Treorchy* ac yn dychmygu iwfforia sgorio cais yn erbyn Seland Newydd neu Bontypridd dan byst cysegredig y Sosban. Ac yng nghanol gêm gwpan Schweppes yn erbyn ein gelynion pennaf y Jacks penderfynais, pan oeddwn i'n tyfu fyny, mai fi fydde maswr nesaf y Sgarlets.

Wedi i Merys esbonio nad oedd merched yn cael chwarae rygbi i dîm cynta Llanelli 'nes i benderfynu, pan oeddwn i'n tyfu i fyny, mai fi fydde drymiwr nesaf naill ai Meatloaf neu Barry Manilow – un o'r ddau, pwy bynnag fydde'n ffonio gynta – o'n i ddim yn ffysi. Wedes i wrth Mam beth o'n i isie neud. Ar ôl ychydig ddyddie wedodd hi bod 'da hi newyddion sbesial i fi.

"Odw i'n cael dryms?" medde fi yn egseited reit.

"Agos," medde Mam. "Ma' Anti Glenys yn mynd i roi gwersi piano i ti."

Jest i chi gael gwbod, Mam– nid yw dryms a gwersi piano yn 'agos'.

Licen i esbonio bod 'da fi berthynas gymhleth gyda cherddoriaeth. Roedd Mam-gu yn gantores ac yn arweinydd côr, Mam yn delynores broffesiynol ac yn athrawes wych, ac roedd ei chwaer, Glenys – neu Anti Glenys fel o'n i'n ei nabod hi – yn gyfeilyddes ac yn athrawes biano heb ei hail. Dim pwysau 'te i fod yn gerddorol. Dim o gwbwl.

'Nes i gychwyn gyda'r recorder – un o'r pethe mwya dibwrpas i mi neud erioed ar wahân i'r cwrs Yoga Yiengar 'nes i ym Mhenarth llynedd, pan dynnes i fy 'nghôr mysls' i mewn a phopodd 'y nhampon i allan. Ond ma' honna'n stori arall.

Y ffidil oedd nesa. O'n i wastad yn meddwl bod Mam yn mynnu fy mod i'n ymarfer yn y conserfatri achos bod y golau yn well, ac nid oherwydd bod y drysau gwydr trwchus rhyngdda i yn y conserfatri a gweddill y teulu yn yr ystafell fyw yn cuddio'r sŵn. Ta waeth, rhywsut a'th y feiolin 'ar goll' ac es i'n ôl i freuddwydio am Meatloaf a Barry Manilow. Hynny yw, tan y gwersi piano.

Sai'n hollol siŵr pam o'n i mor wael yn canu'r piano – diffyg talent neu ddiffyg diddordeb – cymysgedd o'r ddau siŵr o fod. Ond y broblem fawr oedd – pan o'n i'n dair ar ddeg oed o'n i'n gwbod 'mod i'n casáu dau beth: Hogia'r Wyddfa a gwersi piano. A'r mwyaf o'r rhain – er o'dd hi'n agos – oedd gwersi piano.

Roedd Anti Glenys yn byw yn Nantgaredig. Mae Nantgaredig ugain milltir a hanner o Lanelli ar y ffordd i Landeilo ac odw, 'wi'n fanwl am y pellter, ond pan chi'n mynd i rywle chi ddim isie mynd iddo fe a ddim rili isie cyrraedd ma' pob hanner milltir yn cyfri.

'Nes i weddïo sawl tro bod y car mewn damwain ddifrifol rhywle tu fas Tymbl Uchaf a finne'n torri pob bys, ond wedyn o'n i'n teimlo'n hunanol achos roedd Dad ac Eryl yn y car ac mi fydden nhw'n cael dolur hefyd – ond o'n i wir ddim isie cyrraedd Nantgaredig. Os oedd 'da Siwperman ei *kryptonite* oedd yn hala fe'n wan ac yn iwsles, wel *kryptonite* fi oedd y piano ac yn Nantgaredig oedd y bocs oedd yn ei ddala fe.

'Wi'n gwbod bod Anti Glenys wastad wedi lico fi – o'dd hi jest dim yn lico'r ffordd o'n i'n bangan ei phiano hi. Ta beth, sai'n gwbod pwy ga'th air gyda phwy ac os fuodd unrhyw gwmpo mas ond yn sydyn reit stopiodd y gwersi piano.

Ymhen ychydig wythnosau roedd Mam isie sgwrs.

"Rhian?" medde Mam.

"Ie?" medde finne.

O'n i'n becso braidd achos o'n i'n meddwl ei bod hi wedi ffindo'r *swiss roll* o'n i wedi cwato dan cwshin y soffa.

"Ma'ch tad a finne wedi penderfynu."

Torres i ar ei thraws yn gynnwrf i gyd – o'n i'n HOLLOL SIŴR 'mod i'n mynd i gael dryms. O'n i wedi neud popeth o' nhw isie fi neud – ddim 'yn fai i o'dd e 'mod i'n rybish am ganu'r piano a'r ffidil a'r fflipin recorder.

"'Wi'n cael *drumkit*?!" medde fi.

"Agos," medde hi. "'Wi'n mynd i ddysgu ti sut i ganu'r delyn." Eto – ymhell o fod yn agos.

Ro'n i'n deall yn gwmws beth o'dd Mam yn neud. O'dd hi isie i fi garu cerddoriaeth gymaint â hi a'i mam, ac er gwaetha pob dim mi lwyddodd hi. Fydde'r byd yma yn ddi-liw a di-fflach i mi heb swyn cerddoriaeth a gallaf werthfawrogi unrhyw deip – o Bach i Ziggy Stardust a phob *genre* rhyngddyn nhw – ar wahân i *jazz*. 'Wi byth wedi deall *jazz*. Ond ro'dd cael Mam yn dysgu fi i ganu'r delyn fel cael Beyonce i ddysgu fi shwt i twerko – do'dd e byth yn mynd i fod yr un peth pan o'n i'n ei neud e ac yn garantîd o fod yn siom.

Parhaodd y gwersi telyn am ryw chwe mis – fi yn ymarfer mewn un stafell a Mam yn gweiddi pethe o dro i dro o'r stafell nesa, a finne ddim yn meddwl ar y pryd bod hyn yn od o gwbwl.

Yn fy mhen bach i ro'n i'n dod ymlaen yn olreit gyda'r delyn a falle es i ychydig yn orhyderus oherwydd 'nes i ffurfio grŵp ar gyfer cystadleuaeth y Gân Werin Fodern yn yr Eisteddfod Genedlaethol, a fi yn canu'r delyn yn y grŵp, wrth gwrs. *Obvs*.

'Wi'n meddwl mai yn y Rhyl oedd yr Eisteddfod y flwyddyn honno. 'Wi'n cofio hala tair wythnos a hanner i gyrraedd y lle. 'Wi'n cofio glaw a 'wi'n cofio gwisgo sgert. Gan bo' fi ond wedi gwisgo sgert rhyw bymtheg gwaith yn fy mywyd 'wi'n cofio pob achlysur, ac ma'r Rhyl mewn 'na rhywle. A dyna lle o'n i – yn y rhagbrofion – yn canu'r Delyn, nid yn unig o flaen y genedl – wel, roedd rhyw bump yn yr ystafell – ond o flaen Mam. Telynores Tywi. Fel wedes i – dim pwysau.

Daeth y gân i ben. 'Nes i wenu ar y ddau o'dd yn clapo. Edryches draw at Mam ond o'dd hi'n whilo am rywbeth yn ei handbag. Ymhen dim roeddwn i'n eistedd wrth ei hochor. Cymerais anadl ddofn.

"Wel?"

O'n i'n gallu gweld o'i hwyneb hi bod hi'n trial meddwl am y peth reit i'w weud. Roedd yr *optimist* yndda i yn disgwyl clywed, "Rhian, ti'n wych. Ti yw dyfodol y delyn yng Nghymru, os nad y byd. Mi fyddi di'n dysgu fi cyn bo hir." Y geirie dda'th mas oedd:

"Lack of technique."

Ta-ta telyn, ac yn ôl i ddisgwyl galwad ffôn gan Meatloaf neu Barry Manilow.

Ond o'dd y pwyse'n dal 'mlan. Cymerwyd yn ganiataol y byddwn i'n astudio Lefel-O Cerddoriaeth. Sai'n cofio lot o'r cyfnod oni bai bo' fi ddim wedi deall hanner cymaint ag oedd pobol yn meddwl o'n i wedi deall, ond o'n i ddim isie i neb wbod 'nny achos o'n i ddim isie ypseto neb. Daeth rhyw fflach o obaith pan holodd arholwr y prawf llafar ar ôl i fi orffen a o'n i'n bwriadu dilyn gyrfa mewn cerddoriaeth? 'Nes i fownsan allan o'r arholiad – o'dd y boi yn gweld potensial yndda i – yn meddwl 'mod i'n mynd i ddilyn gyrfa fel rhyw fath o gerddor! O'n i'n mynd i fflipin paso! Nid gwaed oedd yn llifo drwy fy ngwythiennau i ond nodau lleddf a llon cerddoriaeth bur. O'dd Mam a Mam-gu ac Anti Glenys yn mynd i fod mor browd.

'Nes i drial deg Lefel-O ('wi'n gwbod – *genius*). Paso wyth a ffili dau. Maths a Cherddoriaeth. Dyna pryd sylweddolais mai'r hyn wedodd yr arholwr oedd – os wyt ti'n ystyried gyrfa ym maes cerddoriaeth, paid.

Gwrthododd Mam-gu siarad 'da fi am bythefnos. Gofynnes i Mam os oedd hi isie i fi ailsefyll yr arholiad, ond wedodd hi na achos o'dd e'n wa'th ffili ddwywaith. Dries i Lefel-O Mathemateg eto. 'Wi'n cofio geirie Mr Ormerod Maths pan ges i'r canlyniad am yr eildro.

"I'm not sure who is more surprised that you passed this time – you or me."

Neis. O'n i'n mynd i gywiro fe ar ei Saesneg ond o'n i'n meddwl bydde'n well i fi gadw'n dawel. Naw Lefel-O felly. Digon i rai – ond o'n i isie deg achos o'n i dal i deimlo yn euog am ffili Cerddoriaeth. Astudio Lefel-O arall felly: Drama. Os nad o'n i yn mynd i whare'r dryms i Meatloaf neu Barry Manilow o'n i'n mynd i serennu mewn dramâu a miwsicals.

Mewn cyd-ddigwyddiad llwyr, roedd Cwmni Theatr yr Urdd yn cynnal clyweliadau yng Nghaerfyrddin ar gyfer y sioe gerdd *Chicago* (un Huw Chiswell, nid Bob Fosse). Roeddwn i'n mynd i fod yn actores lwyddiannus – cychwyn ar lwyfannau Cymru, stint ar *Pobol y Cwm* cyn symud ymlaen i naill ai *Knots Landing* neu *Falcon Crest* – o'n i ddim yn ffysi, dibynnu pwy fydde'n ffonio gynta. Bydde neb yn *La La Land* yn gofyn i fi os oedd 'da fi Lefel-O Cerddoriaeth; bydden nhw jest isie gwbod shwt o'n i mor ffabiwlys?

Roedd yn rhaid i mi baratoi cân a monolog ar gyfer y clyweliad. 'Nes i ddewis canu'r gân 'Santiago' gan Dafydd Iawn a 'nes i bitsho hi mor isel nes bod y gofalwr wedi cnoco ar y drws i weld a oedd pob dim yn iawn ac a galle fe checko ai'r boiler yng nghornel yr ystafell oedd yn gwneud y fath sŵn. A wedyn y *pièce de résistance* – actio darn allan o *Blodeuwedd* a finne'n gwneud rhan Gronw Pebr. A Blodeuwedd. A Gwydion. A na, do'dd neb wedi esbonio i fi beth oedd 'monolog'. Pan adewais i'r stafell glyweld, sylwes i bod dau o'r panelwyr yn gwenu ac roedd y boi ar y pen yn wherthin. Roedd fy mherfformiad wedi plesio.

Ymhen rhyw dair wythnos cyrhaeddodd y llythyr. Wrth rwygo'r amlen ar agor dychmygais y goleuadau llachar... y camerâu... y carpedi coch... pobol yn sgrechian fy enw ac isie fy sylw. Y *standing ovation* cynta ac yn ffrynt y theatr enfawr a gorlawn, Mam-gu, Mam ac Anti Glen mewn rhes yn taflu daffodils ata i ac yn chwythu cusanau.

> *Annwyl Rhian,*
> *Diolch o galon am fynychu'r clyweliad yng Nghaerfyrddin,*
> *roedd yn bleser eich cyfarfod...*

Gylp. Ai fi fydde eu dewis cyntaf am y brif ran? Sut bydde cynulleidfaoedd Cymru yn ymateb i ferch yn chwarae rhan Al Capone? O'dd isie iddo fe fod yn ddyn? Alys Capone? Pam lai?

> *Ac yn sgil eich brwdfrydedd hoffem gynnig y rôl o...*

Roedd fy ngheg yn hollol sych.

> *...Is-reolwr Llwyfan.*

O wel, ma' nhw'n gweud pan mae un llen yn cau, mae llen arall yn agor.

PENNOD 1

HASH YN Y BATH

Fel Martin Luther King a John ac Alun roedd 'da fi freuddwyd. A'r freuddwyd honno oedd gweithio ar y teli a chwrdd â Dewi Llwyd ac ennill llwyth o arian a Meryl Streep yn ffonio i wbod a oedd ei pherfformiad dwetha hi'n olreit. Wel, chi'n gwbod beth? Mi ddes i'n o agos at wireddu'r freuddwyd honno.

Ond er mwyn breuddwydio mae angen cwsg ac mi 'nes i lot o gysgu wrth astudio ym Mhrifysgol Aberystwyth.

Y flwyddyn yw 1991. Awyren TWA yn ffrwydro dros Lockerbie yn yr Alban. Edwina Currie yn rhoi pawb off byta wyau a Kylie Minogue yn mynd 'mlan a 'mlan y dylie hi fod yn lwcus, lwcus lwcus lwcus.

Amser coleg – wel ro'dd rhaid, ontefe. Mae'n draddodiad Cymraeg.

Roedd rhai o'r athrawon yn yr ysgol yn meddwl bod mwy o bosibilrwydd i mi baso Opal Fruits mas o 'mhen-ôl na paso Lefel-A. Ond roedd rhyw ryddid yn y ffaith bod pobol ddim yn disgwyl i fi lwyddo – o'dd lot llai o bwysau rywsut. 'Wi'n siŵr bydde rhai yn gweud *sod it*, 'wi'n mynd i whilo am y Babycham ma' Mam yn cuddio yn ei bocs gwnïo a gwylio *Going for Gold*, ond 'nes i ddewis mynd y ffordd arall. Ro'n i'n gwrthod derbyn bod unrhyw un arall yn gwbod yn well na fi am sut o'n i'n mynd i droi mas, a 'na fe.

O'dd Mam a Dad wrth gwrs yn codi dau fys lan at yr amheuwyr. Petawn i wedi gweud wrthyn nhw 'mod i am fod yn astronot bydden nhw wedi cysylltu gyda Buzz Aldrin i ofyn am tips ac wedi mynd â fi i Debenhams i brynu dillad cynnes achos bod hi'n oer yn y gofod.

Ond, am y tro, gweithio'n galed ar yr un pryd â pharatoi at opsiwn B.

Ac opsiwn B oedd ffindo rhywle bydde'n cynnig lle i mi petawn i'n cael y canlyniadau oedd yr ysgol yn eu disgwyl gen i, sef dwy 'E'.

'Wi'n cofio mynd am gyfweliad i astudio i fod yn rheolwr llwyfan yn y Central College of Speech and Drama yn Llunden. Ie, chi'n iawn – posh. O'n i ddim isie mynd i Lunden. O'n i ddim yn lico'r ffordd roedd pobol mor sych a blin ar y tiwb ac roedd teithio bobman yn cymryd cyment o amser.

OND, os oedden nhw am gynnig lle i mi, dim ond dwy E oedd angen arna i ac i fan'na a'th French and Saunders ac o'n i isie bod fel French and Saunders.

Chi'n gwbod pan ma' pobol yn gofyn i chi neud pethe hurt ac ry'ch chi'n rhy sofft i weud 'na'? Wel o'n i ddim yn disgwyl iddyn nhw ofyn i fi neud gwaith byrfyfyr. Siarad gyda chan o coca cola gwag a gwneud hynny o flaen stafell llawn o bobol smyg. Petawn i'n gweld rheolwr llawr yn siarad gyda chan o coca cola mi fyddwn i'n mynd ag e i weld nyrs. 'Wi erioed wedi teimlo mor fychan. Roedd digon o hunanhyder yn y stiwdio i lenwi Llyn Tegid a finne'n boddi yn ei ganol e. 'I'm a non-celebrity, get me out of here.'

Ond chi'n gwbod be? Mi nethon nhw gynnig lle i fi o'dd ddim yn gwneud unrhyw synnwyr o gwbwl, a'r eiliad 'nes i dderbyn eu cynnig nhw mi benderfynes o'n i ddim isie mynd os oedden nhw ddim yn ffysi, a wedes i diolch ond dim diolch. Os o'n i am fod yn dwat am dair blynedd o'n i isie bod yn dwat rhywle oedd yn agosach i adre. Diolch byth, wedodd Coleg Cerdd a Drama Caerdydd ie a dim ond dwy E o'dd isie arnyn nhw 'fyd. Henffych, Gaerdydd, fi ar y ffordd.

Ond wedyn digwyddodd yr annisgwyl. I ddyfynnu'r Jackson 5 ges i ABC ac yn sydyn reit cododd panic llwyr i ffindo lle i fi mewn prifysgol. Fi – yn mynd i brifysgol lle roedd y bobol alluog yn mynd! Yn sydyn roedd unrhyw beth yn bosib. Wel, ddim cweit.

Fy newis i oedd astudio Drama ym Mhrifysgol Bryste – roedd 'da fi'r graddau cymwys ac roedd y cwrs yn ôl y sôn y gorau ym Mhrydain. Ond nethon nhw wrthod fy nghais am fy mod i wedi astudio Lefel-A drwy gyfrwng y Gymraeg ac felly cymerwyd yn ganiataol na fydden i'n medru ymdopi astudio drwy gyfrwng yr iaith Saesneg. Glywsoch chi y fath rwtsh? 'Nes i benderfynu peidio dweud wrth Mam a Dad achos o'n i'n gwbod y bydden nhw wedi mynd yn nyts.

Wrth edrych yn ôl 'wi'n flin gyda fi fy hun am beidio codi llais a phrotestio. Mi fyddwn i'n gwneud heddi ond bryd hynny 'nes i gau fy mhen. Mi ddylsen i fod wedi dringo ar ben to eu Neuadd Fawr swanc a sgrechen, "There is nothing wrong with my English thank you very much, you condescending bastards." Ond na. Dim gair, a sai'n siŵr os yw hynny'n dweud mwy amdanon ni'r Cymry nag yw e am y bobol ym Mhrifysgol Bryste.

Roedd angen chwilio am rywle yng Nghymru felly. Beth am Aberystwyth? Dyna lle astudiodd Tad-cu ac Anti Glenys, roeddwn wedi chwarae *pitch and put* yno sawl tro ac roedd Elin fy ffrind ysgol yn mynd yna ac o'n i isie mynd i'r coleg gyda hi. Sai'n gweud bod Cymru yn rhannol ddibynnol ar y system 'dibynnu pwy chi'n nabod' ond roedd amser yn brin, a'r tymor

3

ar fin cychwyn felly ffoniodd Dad rhywun o'dd e'n nabod ac mi ges i fynd mewn i Aberystwyth drwy groen fy nannedd a thrwy'r drws bac – er drws trosiadol yw hwnnw, 'nes i fynd mewn drwy'r drws ffrynt gyda phawb arall.

Y drws bac oedd yr Adran Wleidyddiaeth, ond roedd yn rhaid astudio tri phwnc yn y flwyddyn gyntaf a do'dd dim cwrs neud pethe mas o Lego ar y cwricwlwm, felly 'nes i ddewis astudio Crefyddau'r Byd ac wrth gwrs Drama, gyda'r bwriad o switsho i'r Adran Ddrama ar ddechrau'r ail flwyddyn. Do'dd dim lot o glem gyda fi am wleidyddiaeth ar y pryd ond roeddwn i'n sylweddoli gymaint o gyfle roedd boi drws y bac wedi'i gynnig i mi, a 'nes i sylweddoli gymaint o anrhydedd oedd cael camu drwy goridorau hanesyddol y coleg. Odych chi wedi bod yna erioed? Mae'r Hen Goleg fel Hogwarts. Ta beth, 'na i ddod at y busnes crefydd mewn ychydig.

"Baby, look at me and tell me what you see..."

O ran astudio Drama aeth pethe ddim gystal â'r disgwyl. Roeddwn wedi dychmygu y byddwn fel y *Kids From Fame* yn rhoi sioeau ymlaen yn ddiddiwedd a dawnsio ar ben mini bysys ar y prom, a neud caneuon lan a chael *hissy fits* a byta Pot Noodles achos o'dd dim arian gyda ni. Y realiti oedd lot o ddarllen dramâu diflas o'n i ddim yn deall a ddim isie deall a mwy o waith byrfyfyr. Pam o'dd pawb isie i fi neud gwaith byrfyfyr? 'Nes i benderfyniad felly, os gwneud cwrs academaidd, gwneud cwrs academaidd go iawn ac astudio naill ai Crefydd neu Wleidyddiaeth.

Dewis 1. Crefydd

Bob tro 'wi'n clywed y gair 'crefydd' ma' fe'n cael rhyw effaith od arna i. 'Nes i weld y ffilm *Omen* cyn iddi fod yn gall i mi wneud ac am sbelen 'nes i feddwl mai fi oedd yr *anti-freeze*... sori, *anti-*

Christ nesaf, a 'nes i fynnu bod Rhian Phillips, fy ffrind gorau yn Llanelli, yn checko a oedd 666 wedi tatŵio rhywle dan fy ngwallt ar fy mhen. Y peth sydd yn hynod yw bod Taid yn bregethwr, roedd Dad yn ddiacon ond am ryw reswm yr unig beth oeddwn i isie neud oedd rhedeg y ffordd arall.

Pan o'n i'n fach roeddem fel teulu yn mynd i Capel Als, Llanelli ac yn ôl yn y saithdegau roedd y capeli dan eu sang. I fi, roedd mynd i'r capel fel mynd at y deintydd. O'n i ddim isie mynd, ond do'dd dim dewis achos Mam a Dad oedd y bosys, felly dyna fuodd.

Ar gychwyn pob gwasanaeth bore Sul roedd emyn a gweddi a wedyn bydde'r pregethwr yn dod lawr o'r pulpud er mwyn annerch y plant. Wedyn yn ystod yr ail emyn, fydden ni'r plant yn codi o'n seddi, cerdded lawr wrth ochor y sedd fawr, drwy'r ystafell gefn, allan drwy ddrws y bac, croesi'r llwybr, a mewn i'r festri fawr. Roedd rhyw ddarllen a chanu yn fan'na am blant bach o China (o'dd ddim yn nawddoglyd nac yn hiliol o gwbwl) ac yna ar ôl rhyw hanner awr bydden ni'n gwneud y siwrne yn ôl ac i'n seddi mewn da bryd i ymuno yn y weddi a'r emyn olaf. Roedd e fel rhyw fath o *Groundhog Day* wythnosol.

Y maen tramgwydd – a 'wi wedi cael cwpwl o'r rheini yn fy nydd – yw'r ffaith nad ydw i'n dda iawn am neud pethe sai isie neud. 'Nes i wrthod mynd i weld *Cats* yn Llunden achos sai'n lico cathod. Dwlu ar y gerddoriaeth, casáu'r bastards bach anniolchgar sydd yn mynd 'miaw'. 'Se Andrew Lloyd Webber wedi galw'r sioe yn *Dogs* mi fydde pethe wedi bod yn wahanol. 'Wi hefyd ddim yn lico mynd i bethe lle mae disgwyl i'r gynulleidfa gymryd rhan, a 'nes i glywed bod y cathod yn dod mewn i'r gynulleidfa ac yn ishte ar eich côl. Sai'n meddwl y bydde Mam yn blês iawn gyda'r pennawd yn y *Llanelli Star*: "Local teenager punches human cat." Dyna pam 'wi heb fod i dwmpath dawns ers blynyddoedd. Gallwch chi gadw eich 'mewn dau tri, mas dau tri, troelli troelli troelli *promenade*', 'wi'n hapus ar ben 'yn 'unan yn y gornel, diolch yn fawr i chi. Weithie ma' *baby* yn lico ishte yn y gornel.

Ond yn ôl i'r capel, ac ar ôl ychydig o wythnosau yn gwneud beth oedd pawb arall yn neud (o'dd yn hala fi yn boncers) 'nes i benderfynu o'n i ddim isie mynd i'r ysgol Sul eto. O beth o'n i wedi'i weld doedd neb yn cadw cownt 'swyddogol' o bwy oedd yn gadael y capel ac yn mynd mewn i'r festri. Do'dd dim cofrestr. Ond ar ddiwedd pob sesiwn ysgol Sul mi fydde pawb yn cael sticer gyda llun beiblaidd arno fe, fel donci neu golomen, ac mi fydde pawb oedd yn bresennol yn rhoi'r sticeri yn eu llyfr sticeri sbesial arbennig. Ar ddiwedd y tymor roedd rhywun yn edrych ar eich llyfr sticeri chi ac os oedd y llyfr yn llawn roedd y Pregethwr yn neud ffŷs mawr ohonoch chi o'r pulpud ac mi fydde'ch rhieni yn meddwl bo' chi werth y byd, er bo' chi newydd gael y stŵr fwya erioed am guddio *swiss rolls* dan glustoge'r soffa newydd ddrud o MFI ac wedyn ishte arnon nhw nes eu bod nhw'n fflat ac yn sgwidji a bod y jam yn llifo mewn i leinin y soffa.

O'n i isie bod Mam a Dad yn meddwl bo' fi werth y byd achos 'nes i feddwl os oedden nhw yn hapus mi fydden inne yn hapus hefyd. Ysgol Sul amdani yn anffodus 'te. Ond rhyw fore Sul stormus daeth arwydd o rywle ac mi na'th yr arwydd yna fy mhwyntio i'n syth at y cwpwrdd lle roedden nhw'n cadw'r sticers. *BOOM.* Gyfeillion, roedd rhyddid ar y gorwel.

Y Cynllun

Pan oedd y plant eraill yn mynd mewn i'r festri, mi fyddwn yn llusgo'n sodlau yn fwriadol yn y cefn, a phan oedd y llwybr yn glir, mynd ffwl pelt am yr hewl fawr ar ochor chwith y festri.

Roedd Dad wastad yn parcio yn yr un man, sef reit wrth ymyl y gât ar ochor adeiladau'r capel ac o'r car roeddwn yn gallu gweld y mynd a dod o'r festri yn glir. Help mawr arall oedd bod Dad byth yn cloi'r car. Do'dd dim pwynt i neb ddwyn y car achos do'dd Dad byth yn rhoi petrol ynddo fe felly petai rhywun yn ei ddwyn e elen nhw ddim yn bell iawn. 'Wi'n credu bod Dad yn meddwl bo' chi FOD gyrru o gwmpas pan oedd y llinell ar y peth petrol, naill ai ar y lein goch neu jest oddi tano. Y peth yw, 'wi wedi bod yn gwmws yr un peth. Ma' rhywbeth masocistig iawn yn gyrru i fyny drwy Carno yn gwbod bod mwy o betrol yn fy mys bach nag sydd yn nhanc y car.

A dyna fuodd, felly. Gyda'r sticeri 'yn y bag' fel petai, ar ôl i'r Pregethwr siarad gyda ni, mas â ni o'r capel, drwy'r ystafell gefn, llusgo sodlau, gwylio'r lleill yn mynd mewn i'r festri, a wedyn troi i'r chwith, allan i'r hewl fawr, a mewn i'r car. Ac os oedd arian poced ar ôl, roedd siop fach gyferbyn. Y'ch chi'n cofio'r siope bach oedd yn llawn losin, ffags a photeli Corona lle roeddech chi'n cael pum ceiniog yn ôl gyda phob potel wag? Bydden i'n prynu copi o'r *News of the World* a Twix yn fan'na.

'Wi'n meddwl mai fan hyn 'nes i ddysgu mylti-tasgo oherwydd roeddwn i'n medru darllen beth oedd cynllunie Mystic Meg amdana i am yr wythnos ganlynol gan wylio drws y festri ar yr un pryd. Ac yna pan fydde'r plant eraill yn dychwelyd i'r capel, ro'n i'n ymuno â chynffon y ciw, mynd mewn drwy'r drws cefn, drwy'r ystafell gefn, gwên fach ddiniwed i Dad wrth fynd heibio'r sedd fawr ac yn ôl at ochor Mam. Cynllun oedd, fel fi, yn syml ond effeithiol.

Mi weithiodd bob dim fel oriawr Swatch am ddau dymor cyfan nes i fi fragan wrth Eryl fy chwaer beth o'n i'n neud tra bod hi'n gorfod godde'r ysgol Sul, ac mi na'th hi'n gwmws be fyddwn i wedi gneud, sef gweud wrth Mam a Dad. Damo. Felly beth 'nes i ddysgu? Na ddylid twyllo eich rhieni ac awdurdodau'r capel? Na ddylid dwyn sticeri gyda llunie doncis? Paid showan off? Absoliwtli.

Abertawellanelligaerfyrddin

Pan oeddwn i'n bedair ar ddeg oed 'nes i benderfynu os oedd Duw yn bodoli, roedd sens o hiwmor 'da fe oherwydd fe symudom ni fel teulu o Lanelli i Gaerfyrddin. 'Wi'n gwbod o'dd dim dewis gyda Mam a Dad achos roedd yn rhaid i Dad weithio ac roedd ei waith yng Nghaerfyrddin, ac mi fydde'n hurt iddo fe weithio dros ddeuddeg awr y dydd a wedyn gorfod neud awr a hanner o yrru, ond os oes rhywun yn darllen hwn ac wedi mynd drwy'r profiad dychrynllyd o newid ysgol ar ganol eich arddegau, fy annwyl frodyr a chwiorydd – rwyf yn teimlo eich poen. Mae'r fath newid byd, heb os nac oni bai, yn uffern ar dost.

Ry'ch chi wedi treulio blynyddoedd yn ffindo eich rhythm gyda phlant eraill, yn dyfalu pwy y'ch chi'n lico, pwy y'ch chi ddim yn lico a phwy sydd ddim yn lico chi ac yn sydyn – *whoosh* – mae'r cwbwl lot oedd wedi dechrau dod yn ail natur yn diflannu. Ry'n ni'n siarad nawr am ddyddie cyn Snapchat a Facebook lle mae'n bosib gwbod pob dim am bawb. A thra 'mod i'n trafod y cyfryngau cymdeithasol, hoffwn ddiolch i bawb sydd yn postio llunie paneidie o goffi neu fachlud haul neu beth y'ch chi'n gael i frecwast neu lunie o'r gath yn ishte ar eich penne ar Facebook. Ma' wir ddiddordeb 'da fi. Wir nawr. Mwy o'r un hen beth, os gwelwch yn dda.

Yn ôl yng nghanol oesoedd fy arddegau roedd dwy ffordd o gyfathrebu gyda rhywun o'dd ddim yn byw yn y stryd nesaf, sef siarad ar y ffôn neu ysgrifennu llythyron. Roedd dwy broblem yn syth, felly. Yn gyntaf, rwy'n ymwybodol iawn fy mod i'n berson sydd yn mymblo. Yn fy mhen mae pob dim yn swnio'n berffeth ac yn glir fel Judi Dench gyda twang gorllewinol, ond am ryw reswm pan mae'r geiriau yn dod allan o 'ngheg mae lot ohono fe'n annealladwy i bawb, oni bai am Bwda'r ci sydd yn deall pob dim 'wi'n ei ddweud achos 'wi'n hala lot gormod o amser gydag e.

Mae Sharon fy annwyl ffrind – neu fel mae Mam yn ei galw hi, 'Gaynor o *Pobol y Cwm*' – yn anfodlon cael unrhyw sgwrs gyda fi dros y ffôn oherwydd dyw hi ddim yn deall gair 'wi'n ei dweud. Mae'n well ganddi siarad wyneb yn wyneb achos wedyn 'nny mae hi'n gallu gweld fy ngwefusau yn symud ac mae ychydig mwy o obaith iddi. Felly 'wi erioed wedi bod yn gyfathrebwr effeithiol ar y ffôn. 'Wi hefyd ddim yn deall fy ysgrifen fi fy hun sydd yn golygu nad oeddwn i'n fawr o gyfathrebwr ar bapur chwaith. Os ychwanegwch at hyn y gwirionedd 'mod i'n medru bod yn uffernol o ddiog, roedd yn anochel y byddai unrhyw gyfeillgarwch o bellter yn ffizzlan mas.

Rwy'n parhau i fod mewn cysylltiad gyda Rhian Phillips, fy ffrind ysgol gynradd o Lanelli, ac er ein bod ni ond yn siarad yn ysbeidiol 'wi'n ffyddiog y byddwn ni'n dal i fod yn ffrindie yn ein nawdegau achos mae'n berson triw. Mi glywch fwy am Elin Wyn Williams fy ffrind o Bontyberem hefyd, ond ar wahân i'r ddwy yna does dim cysylltiad arall wedi goroesi, sydd yn drueni mawr.

A 'wi wir yn meddwl bod hynny oherwydd imi symud ysgol. Y'ch chi'n gwbod fel ma' nhw ar *I'm A Celebrity Get Me Out Of Here* yn cael dau seléb newydd i ymuno ychydig o ddyddie ar ôl pawb arall, a nhw yn aml yw'r cyntaf i adael y jwngl achos erbyn hynny mae gweddill y selébs wedi ffurfio cyfeillgarwch gyda'i gilydd a ddim angen rhyw gwcw arall yn y nyth? Dyna sut oedd hi'n teimlo i adael Ysgol y Strade a dechrau yn Ysgol Bro Myrddin.

Gobeithio ei fod yn gwneud rhywfaint o synnwyr felly pan ma' bobol yn gofyn i fi heddi o ble 'wi'n dod 'wi'n gweud Abertawellanelligaerfyrddin, ac ma' nhw'n edrych yn hurt arna i, ond dyna'r gwir. 'Wi'n cynnwys Abertawe oherwydd fan'na 'nes i bopan mas. O'n i'n credu imi gael fy ngeni yn Ysbyty Morriston ond esboniodd Mam ddwy flynedd yn ôl imi gael fy ngeni mewn *mental institution*. Diolch, Mam. Ond 'sdim syniad go iawn gyda fi le 'wi'n perthyn achos fues i erioed mewn un lle yn ddigon hir i fagu gwreiddiau, felly Abertawellanelligaerfyrddin amdani.

Spoiler Alert: Jôc am William Williams Pantycelyn
'Wi newydd fynd â chi ar gyfeiliorn yn fan'na. Ymddiheuriadau mawr. Yr hyn 'wi'n ceisio ei brofi yw'r eironi o dreulio blynyddoedd yn osgoi unrhyw beth crefyddol, ond siwrne bod y dewis yn fy nwylo i, dyma redeg yn syth tuag ato fe.

Yn ôl â ni i Aberystwyth felly, ac roedd y darlithoedd Astudiaethau Crefyddol yn cael eu cynnal am naw o'r gloch ar fore dydd Llun a bore dydd Iau. Yn anffodus, roeddwn i'n mynd allan bob nos Sul a phob nos Fercher felly i fi'n bersonol doedd amseru'r darlithoedd ddim yn ddelfrydol, ac roedd rhywfaint o absenoldeb felly yn anochel.

Mi 'nes i ddechre mynychu'r darlithoedd yn eitha brwdfrydig ond roedd y darlithydd, y Tad Fitzgerald, yn rhagrybuddio ni beth oedd yn mynd i gael ei drafod a 'wi wastad wedi bod yn swot, felly rhyw fore Llun mi benderfynes i os oeddwn i'n cadw lan gyda'r gwaith astudio bydde colli darlith nawr ac yn y man ddim yn ddiwedd y byd, ac mi fyddai tafarndai ac economi leol Aberystwyth yn elwa a byddai pawb yn ddiolchgar iawn am fy nghyfraniad sylweddol i'r gymuned. Ac roedd y Tad Fitzgerald yn llawn cydymdeimlad pan oeddwn i'n esbonio wrtho fe am yr holl antis ac wncwls oedd yn ddifrifol wael. Fuodd Nain Brymbo farw bedair gwaith. Caeodd pont Llandysul oherwydd llifogydd a finne yn styc ochor Caerfyrddin sawl tro. A phwy feddylie bod *whooping cough* yn rhedeg yn y teulu.

Ond beth bynnag oedd y rheswm amheus dros fy absenoldeb, roedd y Tad Fitzgerald yn amyneddgar iawn a llawn cydymdeimlad a wastad yn gofyn a oedd rhywbeth y galle fe neud i helpu fi i ymdopi gyda'r holl drybini personol. Do, mi 'nes i deimlo rhyw dwtsh o euogrwydd ond dim digon i fynychu mwy o ddarlithoedd. Ta beth, diwedd y flwyddyn mi 'NES i weithio'n galed ar gyfer yr arholiad ac roeddwn i'n reit hyderus fy mod wedi paso. Ges i sioc y diawl felly pan 'nes i dderbyn nodyn yn fy nhwll colomen – odych chi wedi cael nodyn wedi stwffio i'ch twll colomen erioed? Mae'n gallu bod yn boenus.

A byrdwn y nodyn? Roedd Pennaeth yr Adran Grefydd isie 'ngweld i cyn gynted â phosib.

Mi 'nes i asesu'r sefyllfa a phenderfynu bod tri rheswm posib pam y bydde fe isie fy ngweld i.

1. Roedd safon fy ngwaith mor wych roedd yr adran am gynnig ysgoloriaeth arbennig a blwyddyn yn gweithio yn adeilad y Cenhedloedd Unedig yn Efrog Newydd, a 'nyletswydd i fyddai datrys problemau'r Dwyrain Canol a sicrhau heddwch drwy'r byd a'r bydysawd.

2. Gwaith annerbyniol. Roeddwn i wedi gwneud cawl potsh go iawn o bethe. Mi fyddai'n rhaid i mi ailsefyll yr arholiad dros yr haf ac os na fydden i'n pasio yr eildro mi fyddai'n rhaid wynebu cywilydd fy nheulu unwaith eto. Falle bod Meatloaf yn dal i whilo am *drummer* a gallen i deithio rownd y byd yn neud gigs gyda fe?

3. Roedd rhywun wedi lladd y Tad Fitzgerald, neu roedd e wedi diflannu a fi welodd e ddiwetha, ac roedd yr heddlu lleol isie fy help i er mwyn darganfod beth ddigwyddodd iddo fe ac i ddisgrifio shwt o'dd e cyn i fi adael ei swyddfa fe.

Y Swingometer

Nawr, mi fydde seicolegydd craff yn gallu asesu llawer amdana i o'r uchod. Mae *swingometer* yn fy mhen i sydd yn debyg iawn i'r un mae'r BBC yn ei ddefnyddio adeg etholiadau. Ar un pegwn iddo, mae gyda fi hunanhyder diddiwedd ac yn hollol grediniol bod unrhyw beth yn bosib dim ond i chi ymdrechu amdano fe. Ar y pegwn arall, mae diffyg hyder UFFERNOL gyda fi sydd yn hollti fy ysbryd ac yn gweiddi arna i: "Ti'n iwsles, Rhian. Yn hollol iwsles. Pam wyt ti'n boddran, gwed? Dim ond methu 'nei di felly ti'n gwastraffu amser ti d'unan ac yn bwysicach, amser pawb arall." Ac mae'r hen *swingometer* yn jigan yn ddiddiwedd o un pegwn i'r llall nes bod 'y mhen i'n troi weithie.

Mae'r trydydd pwynt ar y rhestr yn profi fy mod i wastad wedi gwylio lot gormod o deledu ac angen ffrwyno'r dychymyg rywfaint. Ond doeddwn i ddim isie credu bod rhywbeth wedi digwydd i'r Tad Fitzgerald oherwydd roedd e'n foi rili rili neis ac wedi gofalu amdana i pan oeddwn i'n delio gyda fy mhrobleme dychmygol.

'Nes i gyrraedd drws swyddfa pennaeth yr adran yn edrych mor barchus ag oedd yn bosib. Crys teidi, ac roedd crib wedi crafu trwy fy ngwallt o leia unwaith. Do'dd dim sgert 'da fi ar y pryd, ac roedd yr unig ffrog oedd 'da fi wedi ei dinistrio yn sgil argyfwng yr hash yn y bath (ma'r hanes 'na i ddod eto), ond roedd y trwser a'r pants yn lân. O'n i'n gryndod i gyd wrth gnoco'r drws. Un gnoc ofnus. Ond wedyn tawelwch. O'dd e ddim yno. Fflipin briliant. Man a man i fi fynd 'nôl i Bantycelyn – roedd *Neighbours* ar fin cychwyn ac roedd Bouncer y ci heb fod yn iawn ers i Mrs Mangle fynd off i fyw yn Llunden.

Ond cyn i mi gymryd cam, agorodd y drws.

"Rhian Williams?"

"Ie?"

"Dewch mewn."

A'th e rownd i ben arall y ddesg a gwneud ystum i mi eistedd gyferbyn. Dechreuodd e edrych ar lot o ffeils. Lot, lot fawr o ffeils. Un ar ôl y llall. Hewled ohonyn nhw.

"Oes rhywbeth yn bod?" medde fi.

Tawelwch. O, cachu Mot. 'Nes i drial edrych mor ddiniwed ag oedd yn bosib. Parhaodd e i fflicran drwy'r ffeils. O'n i'n trial gweithio mas beth ddiawl o'n i wedi neud mewn blwyddyn i lenwi'r holl ffeils?

"Hoffwn i drafod eich papur arholiad," medde fe.

Wedes i ddim byd. O'dd e mor wael â hynny?

"Ar y clawr rydych chi wedi nodi mai'r Tad Fitzgerald yw eich darlithydd chi."

"Ie," medde fi.

"Pam?" wedodd e.

O' n i ar goll braidd.

"Sori, Syr? Sai'n deall."

"Rwy'n gofyn, achos nid yw'r Tad Fitzgerald erioed wedi darlithio i chi."

"Odi ma' fe."

"O, nadi."

Roedd y sgwrs yn dechre troi mewn i bantomeim.

"Ond mae ei enw fe ar y drws."

"Odych chi'n aros ym Mhantycelyn?"

"Ydw," medde fi.

"Odych chi wedi gweld William Williams yn cerdded y coridorau yn ddiweddar?"

BOOM, BOOM!

'Nes i wherthin. N'ath e ddim. Ta beth, esboniodd e mai Walford Gealy oedd y darlithydd, a falle bydde fe'n neud lles i fi dalu 'bach mwy o sylw yn y dyfodol. O'n i isie cynnig falle dyle'r darlithwyr wisgo badjys gyda'u henwe arnyn nhw neu ddefnyddio swyddfeydd eu hunen, neu gael yr enwau iawn ar y drysau, ond o'n i ddim isie strwa gag Pantycelyn. A do, mi 'nes i baso. Yn rhyfeddol, 'nes i baso popeth, ac mi 'nes i barhau i ddysgu lot o bethe diddorol yn Aberystwyth am y ddwy flynedd nesa, gan gynnwys y canlynol:

1. Nid bad achub sydd yn mynd lan a lawr Constitution Hill.
2. Peidiwch byta hash yn y bath.
3. Mae tref Aberystwyth wedi ei gefeillio gyda Kabul yn Syria.
4. Os y'ch chi'n iste ar wal Ysbyty Bronglais ac mae'r wal newydd gael ei baentio gyda'r slogan "Free Hanif Banjhi" a chi'n gwisgo hetiau plisman plastig, ac mae'r heddlu yn cyrraedd ac yn gofyn i chi, "Have you just painted this wall?", peidwch ateb "Yes, and we're just waiting for it to dry," achos mi newn nhw drial eich arestio chi.
5. Nid yw un o'r uchod yn wir.

Hoffwn gyfeirio yn arbennig at bwynt dau ar y rhestr oherwydd mae'n wers bwysig i bawb. Gyfeillion. Ddieithriaid. Peidiwch byta hash yn y bath.

Hash yn y Bath: Rhan 1

Roeddwn wedi dechre potshan ar y slei gyda'r boi lyfli 'ma – roedd e'n *stunner* bach, a hyd heddi 'wi heb ddeall pam o'dd gydag e ddiddordeb yndda i, ond os oedd e isie potshan o'n i ddim yn mynd i stopan e, nag o'n i wir. Ta beth, nos Wener o'dd hi ac roedd pawb yn paratoi i fynd allan. Roedd efe Blue Eyes o gwmpas a finne yn paratoi i fynd i'r bath. Nawr, am ryw reswm, a 'wi dal ddim yn deall pam, wedodd e bod e'n gorfod mynd allan am hanner awr a rhoiodd e bloc o hash i fi – bloc brown ei liw a maint ciwb o siwgr.

'Wi erioed wedi bod yn un am gymryd cyffuriau. 'Sdim ots nac ychwaith diddordeb gyda fi os yw pobol eraill yn neud – pawb at y peth y bo – a siwrne i fi ddechre gweithio yn y diwydiant teledu a ffilm mi ddes i ar draws lot o bobol oedd yn sniffan drwy'r amser, ond ddim achos bod annwyd 'da nhw. Chi'n gweld, 'wi wastad wedi bod yn fwy o berson peint o seidr, a ddim oherwydd 'mod i'n geidwadol neu yn *fuddy-duddy*. Ar yr adegau prin hynny pan oedd rhywun yn cynnig cyffuriau i mi roeddwn i'n gallu gweld a chlywed Sara Edwards yn cyflwyno'r newyddion ar *Wales Today* ac yn dweud: *"And today the dead body of media whore Rhian Williams was found face down in a bowl of strawberry Angel Delight following a drugs overdose, proving that she should have known better and that she died as she lived – an idiot."*

Ac am y rheswm hynny yn bennaf 'wi wedi cadw draw. Ond am ryw reswm ar yr achlysur yma – a bois bach, roedd llygaid y boi 'ma yn bert – wedes i diolch yn fawr, gafael yn yr hash ac i ffwrdd â mi i'r bath. A fan'na gorweddes i – ganol y bwbwls, yn trial penderfynu beth i neud gyda'r hash. Falle bod y dŵr yn rhy boeth ac mi effeithiodd hynny ar 'yn feddwl i oherwydd mi 'nes i benderfynu na fyddai'n syniad da iddo fe wlychu, a 'nes i hwpo fe yn fy ngheg. Do'dd dim lot o flas iddo fe, o'dd e 'bach fel Weetabix, ond do'n i ddim yn gwbod beth arall i neud gyda fe a dyna'i diwedd hi.

Wedi i'r dŵr oeri, 'nes i ddychwelyd i f'ystafell wely. Pan gerddes i mewn gofynnodd Blue Eyes i fi beth o'n i wedi neud gyda'r hash. O'n i ddim yn deall pam fod e'n holi gan taw fe roiodd e i fi yn y lle cyntaf.

"'Wi wedi byta fe," medde fi. Am gwestiwn twp.

Chwerthinodd e, a halodd hwnna fi bach yn nerfus.

"Na, siriys nawr, beth 'nes di 'da fe?"

"'Nes i fyta fe. Yn y bath. Pam? Beth o'n i fod neud gyda fe?"

"Beth o'n i fod neud gyda fe?"

Nawr, 'wi'n mynd i fynd â chi ar drywydd arall man hyn er mwyn esbonio'r llinell yma, achos nid hwn fydde'r unig dro i fi ei defnyddio er mwyn cyfiawnhau gwneud rhywbeth twp.

Ffwrdd â ni am jônt fach, felly, i gêm agoriadol Stadiwm y Mileniwm. Cymru yn erbyn De'r Affrig. Graham Henry wrth y llyw. 26ain o Fehefin 1999. Yn y flwyddyn hon roedd Ronan Keating yn dweud ei fod e'n lico chi fwya pan oeddech chi'n dweud dim byd o gwbwl. Hefyd yn y flwyddyn hon fe dorrwyd calonnau miloedd o fenywod ledled y byd pan briododd *catch* mwya Prydain, y Tywysog Edward. Ie wir, *hubba hubba.*

Ie, y 26ain o Fehefin. Wel am ddiwrnod. 'Wi'n caru rygbi. Wir nawr. 'Wi'n ei garu e gymaint 'wi'n ei gasáu e weithie a ni'n cwmpo mas a ma' fe'n ypsetio fi a fi isie anghofio bod e'n bodoli ar adegau, ond fedra i ddim cadw draw yn hir, sydd yn profi cariad go iawn. Ac roedd hwn yn ddiwrnod llawn cariad.

Ro'n i wedi mentro lawr i ganol Caerdydd gyda Hedydd fy ffrind oedd yn dod o Aberganolnunlle yn y gogledd. Nid oedd Hedydd wedi gweld gymaint o bobol mewn un lle erioed oni bai am y Royal Welsh, a Merys fy chwaer rwbeth yn debyg. Penderfynwyd mynd draw i dafarn y City Arms er mwyn bod yn ddigon agos i'r stadiwm newydd sbondanllyd i allu profi'r awyrgylch. Doedd y stadiwm ddim wedi'i gorffen, dim ond rhyw chwe mil a hanner o seddi oedd wedi eu gosod ac felly doedd yr un ohonom yn disgwyl cael tocyn. I ddweud y gwir, do'dd dim lot o ots 'da ni achos roedden ni'n rhy fishi yn y dafarn yn wherthin a chloncan ac yn yfed lager a leim.

Yn sydyn reit, 'ma'r bachan hyn yn dod draw aton ni ac yn cynnig tocynnau i'r gêm. Edrychon ni ar ein gilydd ac ar y peintie ffresh oedd o'n blaenau ni. Aseswyd y sefyllfa yn fanwl. Roedd 'da ni seddi cyfforddus o flaen y teledu, pobol ddiddorol, fywiog a hwyliog o'n cwmpas, roedden ni'n gallu clywed y canu o'r stadiwm, ac i goroni'r cyfan roedd y tŷ bach reit wrth ymyl. Yn ychwanegol at hyn oll, nid oedd unrhyw obeithion mawr am fuddugoliaeth a 'wi lot rhy sensitif am rygbi ac yn cymryd yr holl brofiad yn orbersonol, felly fe ddywedon ni diolch yn fawr am y cynnig, ond dim diolch, ac aros yn ein seddi.

Wel am gêm! Enillon ni. Wir nawr. 'Wi'n dal methu credu'r peth. Cymru 29 – De Affrig 19. Mark Taylor enillodd y fraint o sgorio'r cais cyntaf yn y stadiwm gyfriniol newydd a chwythodd gobaith oes aur newydd dros y ddinas a'r wlad gyfan. Yffach, roeddwn i'n difaru peidio derbyn y fflipin tocynne. Llifodd rhyw emosiwn hynod drosta i oedd siŵr o fod yn gysylltiedig rhywsut gyda'r pum peint roeddwn i newydd yfed. Yr unig beth o'n i isie neud, wrth i'r dorf lifo allan o'r stadiwm ar ddiwedd y gêm, oedd mynd mewn.

I'r rheini ohonoch chi sy'n gyfarwydd â chanol Caerdydd, mae'r City Arms reit gyferbyn â phrif fynedfa'r stadiwm. Gorffennes i fy mheint, gafael ym mraich Hedydd ac i ffwrdd â ni. O'n i ddim yn siŵr beth o'n i'n mynd i neud mewn yna, ond o'dd e'n mynd i fod yn wych. Wrth i ni groesi Stryd Westgate, 'nes i roi cyfarwyddiadau manwl i Hedydd (achos fi'n berson bosi) – gafael yn dy ffôn ac os oes unrhyw un yn gofyn beth y'n ni'n neud, ry'n ni wedi gadael côt yn y stadiwm. A dyna fuodd – nofio yn erbyn llif y dorf fel sewin afon Tywi, a neb yn holi pam oedden ni'n mynd mewn tra bod pawb arall yn dod mas. Wedodd un boi wrtha i bod y gêm wedi gorffen a wedes i diolch yn fawr, achos ma' Mam wastod yn dweud wrtha i 'sdim rheswm i beidio bod yn gwrtais, ac ymlaen â ni.

Yn sydyn reit, roedd y ddwy ohonon ni tu fewn y stadiwm. O mam bach, am olygfa. Wrth syllu ar wyrddni maes y frwydr bu i mi golli'n anadl am funud fach. O fy mlaen i oedd paradwys, ac roeddwn i am fynd yn agosach. Yn araf bach fe gerddon ni lawr at y cae. Roeddwn i'n ymwybodol y bydde swyddog diogelwch yn dod aton ni unrhyw eiliad ac mi fydde'n rhaid i ni adael, ond am y tro, doedd dim rhwystrau ac roedd y nod yn un syml – cyrraedd canol y cae. Mi gerddodd y ddwy ohonon ni heibio i Rob Howley a Graham Henry yn siarad gyda'r wasg am eu llwyddiant hanesyddol, ac yn sydyn reit dyna lle roedden ni – *slap bang* yng nghanol y cae.

Waw. Waw. Waw. Waw. 'Wi'n meddwl 'nes i ffonio neu trial ffonio pawb o'n i'n nabod a rhai do'n i ddim yn nabod a sgrechian lawr y ffôn symudol– 'Hei, geswch lle ydw i?"– yn gwbod yn iawn na fydde neb yn ateb, "Ti'n siŵr o fod yn sefyll ganol cae chwarae Stadiwm y Mileniwm."

Ymhen ychydig fe welson ni ddau ddyn mewn siacedi *bomber* yn cerdded aton ni. Roedd hi'n amser gadael a ffarwelio gyda fy hoff le newydd yn y byd a dychwelyd at 'yn chwaer a gwres y dafarn. Ond cyn mynd roedd yn rhaid neud un peth. Mi fyddai'n rhaid i'r lle anhygoel yma fod yn rhan ohona i am byth. Wrth gychwyn cerdded am yr allanfa, 'nes i ryw symudiad tebyg i beth ma' nhw'n neud yn dawns y blodau, rhyw hanner penglinio (a fydden i methu neud hynny nawr heb ddau *solpadeine* a *stairlift*), gafael mewn llond dwrn o'r gwair cysegredig, rhoi hwnnw'n ddiogel ym mhoced cefn 'yn jîns ac allan â'r ddwy ohonon ni yn ddiniwed reit i ddathlu'r fuddugoliaeth hanesyddol.

Cwpwl o beints yn ddiweddarach a 'nes i ddechre poeni. 'Wi ddim yn berson cario popeth mewn *handbag*– ma' hynny'n lot rhy synhwyrol – ac felly ar y diwrnod yma fel ar sawl achlysur arall roedd pob dim pwysig 'da fi yn fy mhocedi: carden *cashpoint*, allweddi, sigaréts, *polo mints*. Ac yng nghanol y rheini bellach roedd y gwair sanctaidd.

Ro' i'n ymwybodol bob tro roeddwn i'n estyn am un o'r uchod bod posibilrwydd mawr y bydde'r gwair yn mynd ar goll. A oeddwn i'n barod i golli'r gwair sanctaidd ar ôl yr holl ymdrech a'r holl risg? Yr ateb yn syml oedd na.

Do'dd dim dewis. Roedd yn rhaid imi fyta'r gwair a thrwy wneud hynny sicrhau y byddai darn o'r tir cysegredig yn rhan ohona i byth bythoedd. Nage ond gwaed fydde'n llifo drwy fy ngwythiennau bellach, ond gwair Cymru. (A gyda llaw, sai'n siarad am hash, ewn ni'n ôl at hwnnw wap.)

Do'dd dim lot o flas arno fe ac roedd mwy ohono fe nag oeddwn i wedi cofio codi, ond ar ôl tipyn o ymdrech a chnoi, aeth y cwbwl lot lawr. Ychydig yn hwyrach, roedd Merys yn dweud wrth griw o bobol am fy mhererindod i ganol y cae. Holodd Merys i fi ddangos y gwair iddyn nhw. I ddweud y gwir, o'n i ddim yn hapus iawn bod Merys yn dweud wrth bawb a'i frawd a'i whar beth o'n i wedi neud. Beth os fydde hi'n dweud wrth y bobol rong ac un ohonyn nhw'n gweithio i'r WRU a bydden nhw'n cael *hissy fit* achos bod y gwair yn brin ac yn amhrisiadwy? 'Nes i dynnu hi i un ochor a dweud wrthi nad oedd y 'bechingalw' gyda fi mwyach, a felly bod dim byd i ddangos. Gofynnodd i fi a oeddwn ni wedi colli fe.

"Ddim cweit," medde finne.

"Beth 'nes di gyda fe?"

"Byta fe."

Na'th hi edrych arna i am 'bach. Roeddwn i'n gallu gweld y siom yn ei llygaid.

"Fi'n seriys, Mer, 'nes i fyta fe. Gallwn ni fynd i gael *kebab* o'r siop *kebabs* neis nawr, plis?"

Ond o'dd hi ddim yn mynd i adael hyn fynd.

"Pam?"

"Achos ma' whant bwyd arna i."

"Nage'r clown, pam 'nes di fyta fe?"

O'n i ddim yn hapus iawn. Roedd fy chwaer hynaf newydd 'ngalw fi'n glown.

"Wel beth o'n i fod neud gyda fe?"

Chi'n gweld beth 'wi'n ei feddwl? Fel roedd byta'r hash yn y bath yn neud synnwyr, roedd yn rhaid i mi fyta'r gwair hefyd. Beth oedd y dewis, e?

Ar ôl i fi stopio poeni bo' fi'n mynd i gael 'yn aresto, roeddwn i'n fwyfwy balch o'r hyn roeddwn i wedi neud. Mi fyddai darn bach o hanes ynddai am byth bythoedd. Bydde Max Boyce yn canu amdana i mewn ugain mlynedd. O'n i'n gallu gweld y pennawd ar dudalen flaen y *Western Mail*:

"*Woman eats the Green Green Grass of Home and develops superpowers.*"

A jiawch, 'nes i gysgu'n braf y noson honno. A deffro y bore canlynol yn teimlo fel y boi. 'Wi wastad wedi caru penwythnosau rygbi ond roedd hwn yn un sbesial. Diwrnod bendigedig. Cwmni bendigedig. Llwyddiant ysgubol yn y rygbi, a llond bol o *nostalgia*. Yn llythrennol.

Roeddwn wedi deffro'n gynnar ond roeddwn ar dân isie gweld uchafbwyntiau'r gêm a gweld fy nhir i. Sylwer, 'fy nhir i'. Tanio'r teledu felly – a chadw'r sain yn dawel fel bo' fi ddim yn deffro unrhyw un arall – a disgwyl am y newyddion ar BBC Wales. Do'dd dim isie i fi aros yn hir achos ar wahân i'r gêm fawr 'wi'n amau os digwyddodd unrhyw beth diddorol arall yng Nghymru y diwrnod cynt, ac os do'fe, do'dd dim lot o ddiddordeb gyda neb.

Cychwynnwyd gyda lluniau o Mark Taylor yn gwibio dros y llinell wen a'r rheini oedd yn ddigon ffodus i fod yn bresennol yn neidio i fyny a lawr ac yn bloeddio eu cefnogaeth. A 'co fe – y pitsh hyfryd. Roedden nhw'n darlledu'n fyw o'r stadiwm. Ond roedd rhywbeth o'i le. Roedd y lle yn edrych yn wahanol. Wrth i fi syllu'n fanylach ar y sgrin, roedd rhywbeth o'i le, fel wede Chiz, rhywbeth mawr o'i le. Roedd y tir yn frown. A oedd Caerdydd wedi bod dan lach llifogydd dros nos? A pham yr holl jaciau codi baw? Dyma droi'r sain i fyny.

"Following yesterday's dramatic events and historic victory, the workers moved in this morning to remove the temporary artificial turf."

Fues i'n byrpan *polypropylene* am bythefnos. Neis.

Hash yn y Bath: Rhan 2

Yn ôl â ni 'te at yr hash yn y bath. Hei, ma' hwnna'n swnio fel *Cash in the Attic* Cymraeg – "Heno ar S4C, ymunwch â Nia Roberts i chwarae Hash yn y Bath!"

Ar ôl i Blue Eyes dderbyn bo' fi ddim yn weindio fe fyny

stopiodd e wherthin ac fe drodd ei wyneb e'n lliw *quiche lorraine*.
Gofynnodd e os oeddwn i'n teimlo'n olreit.

"Odw? Pam? Pryd odyn ni'n mynd mas?"

A 'na i gyd fuodd. 'Nes i baratoi i fynd allan ac off â ni. Nawr,
beth fi heb egluro yw hyn – a man a man i chi gael y stori gyfan
nawr – yn hwyrach y noson honno roedd bws y Traws Cambria
yn glanio yn Aberystwyth ar ei daith i fyny sha'r gogledd, ac
ym mogel hwnnw roedd Mam wedi rhoi siwtces coch. Ac nid
siwtces cyffredin mo hwn. O na. Roedd hwn fel siwtces Marks
and Spencers. Roedd hwn yn siwtces sbesial. Roedd y siwtces yma
wedi bod 'da Mam ers iddi astudio yn yr L.R.A.M. yn Llunden.
Roedd e wedi bod i Amsterdam pan oedd hi'n canu'r delyn yng
Ngherddorfa'r Halle. Roedd e wedi bod ar ei mis mêl hi a Dad.
Roedd e wedi bod ar y Canberra. Roedd e'n fach ond yn fawr ar yr
un pryd, fel y Tardis. Ac roedd Mam wedi rhoi'r gofal gorau iddo fe
oherwydd roedd hwn yn siwtces sbesial ac roedd hi'n dwlu arno fe.

Felly pan wedodd hi ei bod hi'n mynd i roi ei hoff gês hi ar
y Traws Cambria heb ddau swyddog diogelwch i ofalu amdano,
mi 'nes i gwestiynu'r peth, ond roedd Mam yn ddiffuant a
phenderfynol. Beth alle fynd o'i le? Yn y siwtces roedd Mam
wedi rhoi fy unig ffrog i. Roedd hi'n ffrog lyfli – glas tywyll
gyda blodau bach gwyn, ac am unwaith roeddwn i'n edrych yn
gymharol fenywaidd ynddi. Roedd y ffrog wedi costio ffortiwn
i Mam a Dad, ond do'dd dim ots gyda nhw achos roedd hon yn
ffrog bwysig iawn. Hon fydde'r ffrog gyntaf i mi wisgo i ddawns
yn y brifysgol a oedd yn cael ei chynnal mewn ychydig ddyddie.
Y bore hwnnw roedd Dad wedi ffonio i gadarnhau bod y ffrog yn
y cês, ac y byddai'n cyrraedd Aberystwyth am 21:15. Roedd Dad
wedi siarad gyda rhyw foi yn y *depot* ac wedi gwneud yn siŵr bod
gyrrwr y bws yn gwbod y bydden i yn cwrdd â fe – fe a'r cês.

Y bwriad felly oedd cael cwpwl o beints gyda phawb ac yna mynd draw i'r orsaf mewn da bryd er mwyn cyfarfod y bws, gyrrwr y bws a'r cês oedd ym mogel y bws.

Allan â ni felly, i lawr hewl Llanbadarn ac i'r dafarn, a Blue Eyes yn gofyn i fi bob rhyw bum munud a oeddwn i'n iawn a finne'n dechre blino ar yr holl holi, er, roedd rhywbeth neis yn y ffaith ei fod e'n poeni shwd gymaint amdana i. Roeddwn i'n gwbod felly ei fod e'n foi neis. A'r gwir oedd 'mod i'n teimlo'n fflipin grêt. 'Wi ddim yn meddwl 'mod i wedi teimlo gystal erioed i dweud y gwir. Ac roedd llygaid Blue Eyes yn mynd yn fwy glas gyda phob eiliad. 'Nes i edrych ar bawb arall oedd o gwmpas y bwrdd yn eu tro. Mae'n od shwt y'ch chi'n gallu caru pobol mor sydyn. Ac yn bwysicach, beth o'dd yr holl ffŷs am effeithiau cyffuriau? Mae'n rhaid bod 'da fi imiwnedd iddyn nhw fel un Keith Richard. Ocê, digon teg, o'n i yn siarad fel 'sen i wedi treulio'r deng mlynedd dwetha ar ben 'yn 'unan yn y Sahara, ond ar wahân i hynny roeddwn i'n teimlo'n hollol normal.

Ar ôl un neu ddau yn nhafarn y Cŵps, fe nethon ni groesi draw i'r CPs. Roedd yn rhaid bod rhywbeth yn bod ar 'y nghlustie i achos roedd fy llais i'n hunan yn swnio'n uchel iawn a llais pawb arall yn swnio fel 'sen nhw dan ddŵr. Beth oedd yn bod arnyn nhw?

Hedfanodd yr amser. Gofynnodd Blues Eyes i fi pryd o'dd y Traws Cambria yn cyrraedd. Cwestiwn da. Pryd oedd y Traws Cambria yn cyrraedd? Beth oedd Traws Cambria? A ie, cofio nawr. 'Nes i esbonio wrth unrhyw un oedd isie gwrando 'mod i'n popan mas am ddeg munud i gyfarfod yr *unicorn* o Gaerfyrddin ac y bydden i'n ôl wap. Neb i symud.

Roedd Blue Eyes yn edrych yn ddifrifol iawn ac am gerdded gyda fi yn gwmni, ond erbyn nawr roeddwn i wedi diodde hen ddigon o'i ffysan e, ac mi 'nes i'n ddigon clir bo' fi isie mynd ar ben 'yn 'unan ac off â fi i gyfeiriad yr orsaf drenau.

Pan gyrhaeddes i'r orsaf doedd dim golwg o'r bws. 'Nes i ofyn i fin sbwriel cyfagos os oedd e wedi gweld y Craws Trambia, ond do'dd dim syniad gydag e. Roedd rhywun wedi gosod wal nesa at yr orsaf felly 'nes i eistedd ar hwnnw. Ac yn sydyn reit na'th rhywun ddwyn y llawr o dan y wal a'r unig beth oedd rhyngdda i a marwolaeth oedd dal yn dynn yn y wal. Wedodd y bin sbwriel wrtha i y byddwn i'n mynd i uffern a 'nes i gytuno gyda fe. Uffern amdani. Do'dd dim dewis 'da fi. Roedd yn rhaid i fi ddychwelyd i Bantycelyn cyn i Godzilla lyncu fe. Sod y ffrog..

Mae'n debyg y cyrhaeddes i'n ôl am hanner awr wedi chwech. 'Sdim rhyfedd na weles i'r bws achos oedd e dal yng Nghaerfyrddin pan 'nes i gyrraedd fy ngwely, ac mi gysges i lot y noson honno o dan oruchwyliaeth Blue Eyes.

Y Bore Wedyn
Roeddwn i'n trial cofio pob dim am y noswaith cynt, pan ddaeth rhywun at ddrws y stafell a gweud bod Mam ar y ffôn lawr grisie. Helpodd hynny i fi i gofio eitha tipyn. Lawr â fi at y ffôn.

"Hai, Mam…"

"Prynhawn da." Mam yn bod yn sarcastig oedd hwnna. "Cyrhaeddodd y cês yn ddiogel?"

Y Dewis
Mi 'na i oedi fan'na am funud. Roedd tri dewis clir.
1. Dweud wrth Mam bo' fi wedi byta hash yn y bath, ac mi fydde hi'n cael trawiad ar y galon ac yn syrthio mewn i coma ac mi fydde pawb yn anghofio am y cês.
2. Cyfaddef yn syth wrth Mam 'mod i wedi colli'r Traws Cambria

a bo' fi'n mynd i sorto fe. Ond bydde Mam yn meddwl bo' fi heb foddran a bydde hi'n flin gyda fi oherwydd roedd hi a Dad wedi ymdrechu'n galed i drefnu gyda'r Traws Cambria ac wedi gwneud ymdrech enfawr gyda'r cês.

3. Dweud fod popeth yn iawn a fy mod i MOOOOR ddiolchgar iddi hi a Dad a wedyn bydden i'n ffeindio rhif ffôn Traws Cambria a siarad gyda'r bobol neis yn y swyddfa a bydden i'n ffeindio'r cês a'r ffrog. Do'dd dim isie ypseto Mam. Bydden i'n gallu sortio hyn i gyd, dim problem.

"Do, diolch," medde fi. "Absoliwtli. Diolch yn fawr. Gwrandwch, Mam, ma' ciw am y ffôn... 'na i ffonio chi'n ôl heno, iawn?"

*Hoffwn esbonio man hyn i bawb sydd o dan 30 oed beth 'wi'n yn ei olygu gyda'r geiriau 'ciw am y ffôn'. Rydyn ni'n sôn am y cyfnod pan oedd deinosors yn cerdded o gwmpas yn whilo am David Attenborough ac roedd Christopher Columbus yn whilo am ffordd mewn i'r Unol Daleithie heb i Donald J. Trump wbod ei fod e gerllaw, a'r unig le i gael gafael ar ffôn symudol oedd mewn labordy. Ym Mhantycelyn roedd rhyw bedwar ciosg. Dim tecsto. Dim Snapchat. Dim ond dwrn o ddarnau deg ceiniog a thunnell o amynedd.

Dyma pryd 'nes i sylweddoli na ddylid ei chymryd hi'n ganiataol bod pobol yn gweithio mewn swyddfeydd ar ddydd Sul. Es i lawr i'r orsaf. A wedyn dechreuodd y whilo. Fore dydd Llun ges i afael ar rywun, a wedon nhw bod yr un bws yn gwmws yn glanio yn Aberystwyth y noson honno. Blydi grêt. Cyrhaeddodd y bws. Ond dim cês. Ambarél a brwsh dannedd, ond dim cês.

'Nes i benderfynu peidio ffonio Mam y noson honno. Gormod

o giw. Y bore wedyn 'nes i ffonio swyddfa Traws Cambria ac esbonio nad oedd y cês ar y bws, a wedon nhw ei fod e, a 'nes i esbonio heb swnio'n rhy *stroppy* i fi weld ambarél a brwsh dannedd ar y bws ond dim cês. Nethon nhw addo ffonio fi'n ôl. 'Nes i ddim symud o'r ffôn.

Ddwy awr yn ddiweddarach wedodd y fenyw o Traws Cambria bod rhywun wedi mynd â'r cês oddi ar y bws. Y noson honno ffoniodd Mam eto. 'Nes i benderfynu mai'r dacteg orau oedd siarad am rywbeth arall.

"Heia, Mam. Shwt ma' Dad?"

Nid yw Mam yn un am wastraffu geirie.

"'Nest ti ddim sôn am y gacen."

Cachu Mot. Pa gacen?

"'Nest ti rannu hi gyda dy ffrindie?"

"Do, Mam," medde fi. "O'dd hi'n lyfli."

Wedodd Mam ei bod hi'n falch bod y gacen wedi cyrraedd yn ddiogel achos o'dd hi wedi bwriadu rhoi hi mewn tun Roses ond y broblem oedd fod y tun ddim yn ffitio mewn i'r cês, ond wedodd y gyrrwr y bydde fe'n cadw'r cês yn fflat whare teg iddo fe, a diolch byth fod pob dim yn olreit.

"Absoliwtli," medde fi. "*Yum yum*."

'Nes i brynu ffrog newydd i fynd i'r ddawns. Do'dd hi ddim mor neis â'r llall. Diolch byth nad oedd modd cymryd selffi bryd 'nny.

Fis yn ddiweddarach ddales i lan gyda'r cês – neu daliodd y cês lan gyda fi – sai'n siŵr beth oedd y drefn, achos mi roeddwn i'n teimlo mor uffernol o euog a doeddwn i ddim yn hoffi Blue Eyes mwyach gan taw fe oedd y rheswm i fi fyta hash yn y bath yn y lle cynta.

Ar ôl i fi agor y cês 'nes i agor y ffenestri. Wedodd hi ddim byd am yr hufen ffresh yn y gacen. Wedodd hi ddim byd am yr orenau chwaith. Ar ôl i fi dowli'r cwbwl lot – gan gynnwys y cês – 'nes i ffonio Mam i ddiolch iddi am yr orenjys. Wedodd Mam o'dd hi'n meddwl y bydden i'n lico sypréis. Ydw, Mam. Caru sypreisys. 'Wi heb fyta hash yn y bath ers 'nny. 'Wi wedi byta lot o grisps – ond dim hash.

PENNOD 2

TYFU FYNY

Roedd bywyd coleg yn siwtio fi yn eitha da. Roeddwn i'n barod i daflu fy hun i ganol bob dim ac mi ddiflannodd yr amser. Roeddwn i wrth fy modd yn cyfarfod pobol newydd. 'Nes i ddysgu fy mod i'n gallu dod ymlaen gyda'r mwyafrif o bobol gan deimlo'n ddiawledig o swil yr un pryd, ac un fel'na ydw i hyd heddiw. Weithie mae'n haws cuddio tu ôl i bobol eraill. Diolch byth, felly, am Elin Wyn Williams o Bontyberem.

Elin Pontyberem
Er imi gwyno yn gynharach am symud ysgolion, petawn i heb wneud bydden i heb gyfarfod Elin Wyn Williams. Mae Elin a fi wedi bod yn ffrindie bellach ers dros dri deg o flynyddoedd ac yn ystod y blynyddoedd hynny rydyn ni wedi mynd am gyfnodau heb siarad, achos mae'r ddwy ohonon ni mor stwbwrn â'n gilydd a wastad yn siŵr mai ni sydd yn iawn. Ac mae'r ddwy ohonon ni mor iwsles â'n gilydd am ymddiheuro, er bod bai fel arfer ar y ddwy ohonon ni am gwmpo mas. Ta waeth, mi fues i'n ddigon ffodus i rannu stafell wely gydag Elin yn ystod ein blwyddyn gyntaf ym Mhantycelyn.

Roedd manteision ac anfanteision i rannu stafell gydag Elin.

Y Manteision

Mae'r ddwy ohonon ni'n gwbod shwt i fwynhau. Mae hi'n llawn gwybodaeth ond fel fi mae hi wastad isie dysgu mwy. Mae hi hefyd yn un o'r bobol mwya doniol fi wedi cyfarfod erioed, a hynny'n hollol anfwriadol yn amlach na pheidio.

'Wi'n cofio'r ddwy ohonon ni'n cyrraedd adre ar ôl noson dawel arall yn yr Angel neu'r Llew Du, neu ble bynnag oedd wedi denu ein sylw a'n harian ar y noson arbennig honno. Roeddwn i wastad wedi cofio Elin yn gwisgo sbectol, ond ar y noson arbennig yma roedd hi wedi rhoi *contact lenses* yn ei llygaid, ac ar ôl cyrraedd adre roiodd Elin ei phyjamas ymlaen, tywalltodd wydred o ddŵr iddi hi ei hun, rhoi hwnnw ar y seidbord wrth ymyl y gwely a nos da Gymru, wela i chi fory.

Ganol nos fe ddeffrodd Elin. Mae ei llygaid hi'n sychu o dro i dro felly whare teg fe dynnodd hi ei chontacts o'i llygaid, ond yn hytrach na chodi o'i gwely a'u rhoi nhw yn y casyn lensys sbesial drud, estynnodd ei llaw allan am y seidbord, gollwng y contacts i'r gwydred o ddŵr ac yna yn ôl i gysgu. Ymhen ychydig o amser fe ddeffrodd hi eto – y tro yma gyda diawl o syched. Diolch byth 'te am y gwydred o ddŵr ar y seidbord...

Mantais arall rhannu llofft gydag Elin oedd y cyflenwad o fwyd. Cyrhaeddodd y ddwy ohonon ni'r coleg heb un llyfr, ond roedd Mike, tad Elin, wedi prynu *multiplug*, a diolch byth am hynny oherwydd roedd digon o nwyddau trydanol gyda ni i agor cangen o Curry's yn y dre. Fy hoff declyn i oedd y popty-ping. Ac yn amal ar benwythnosau roedd rhieni a mam-gu Elin yn ymweld gyda llond car o fwyd oedd yn cynnwys nifer o bethau y gellid eu cynhesu yn y popty-ping.

Daeth Nadolig yn gynnar pan benderfynodd Elin ei bod hi am droi yn llysieuwraig – a hynny'n newyddion siwpyrdiwpyr i fi oherwydd roedd y rhan fwya o'r bwyd ddeuai lan o Bontyberem yn cynnwys cig. 'Wi dal ddim yn siŵr os soniodd Elin wrth ei theulu am y busnes llysiau achos roedd arni ofn ypsetio nhw, ond 'nes i fyw fel brenhines am flwyddyn ar cyris cyw iâr, *chunky chicken, chilli con carne* a *lasagne,* ac i roi hyd yn oed mwy o waw ffactor i'r profiad – roedd y rhan fwyaf o'r bwyd yn dod o Marks and Spencers! O'n i ddim y gwbod bod Marks and Spencers yn neud bwyd. O'n i'n meddwl mai pants a bras roedden nhw'n neud. Wedes i 'mod i wedi dysgu lot yn y brifysgol.

Yr Anfanteision
Yr unig wir anfantais i rannu stafell gydag Elin oedd ei bod hi wastad wedi credu mewn *spirits,* a 'wi ddim yn sôn am *gin* – er, mae hi'n dwlu ar hwnnw 'fyd – ond y pethe sy'n mynd 'bwmp yn y nos'. I fi, bwmp yn y nos yw'r sŵn mae'r ci yn ei wneud pan mae'n syrthio oddi ar y gwely, ond mi ddown ni at 'y mywyd carwriaethol i tua diwedd y gyfrol 'epig' hon.

Ie, gyfeillion, *stand by your beds.* Nawr, sai'n siŵr os ydw i'n credu bod bywyd tu hwnt i'r bedd. Ond mae Elin yn credu. Ac mae hi mor angerddol am yr hyn mae hi'n ei gredu ynddo fe nes bod hynny mewn ryw ffordd od yn ddigon i'n arwain inne i hanner credu, er bo' fi ddim isie credu achos mae'n hala ofon arna I, a 'wi ddim yn hoffi'r syniad bod rhywun 'wi erioed wedi nabod na chyfarfod yn fy ngweld i'n cerdded o gwmpas y tŷ yn fy mhants. Os fydden i'n ysbryd, mi fydden i'n mynd i'r sinema neu'r theatr neu fynd i weld y band Steps achos ma'u tocynne nhw mor ddrud. Fydden i yn BENDANT ddim yn hongian o gwmpas fy nhŷ i yn gwylio fi yn gwylio *Celebrity Pointless* achos mi fydde hynny…wel… yn *pointless.* Ond mae pawb yn wahanol a galla i ddim barnu shwt ma' ysbrydion yn treulio eu hamser os nad ydw i'n credu ynddyn nhw gant y cant.

O'dd Rhywun mewn 'ma Neithiwr

Un bore roedd y ddwy ohonon ni'n rhyw hanner breuddwydio yn ein gwlâu pan gyhoeddodd Elin:

"O'dd rhywun mewn 'ma neithiwr."

'Sdim lot yn hala ofon arna i. Bil treth, falle. Dychmygu Boris Johnson yn ei bants. Ond fues i byth y teip oedd yn mynd i gwato tu ôl y soffa pan oedd *Crimewatch* 'mlan. Serch hynny, ges i bip sydyn ar ddrws y stafell ac roedd hwnnw wedi ei gloi a'r allwedd yn y clo. O'n i ond isie checko rhag ofn bod rhywun wedi bachu'r bwyd o Marks and Spencers.

"'Wi'n meddwl bo' ni'n olreit, Elin. Mae'r allwedd ar y tu fewn."

"Na, ysbryd. Yn yr ystafell."

Digwyddodd hyn am gwpwl o nosweithie.

"Lle ti'n ei weld e?" medde fi.

"Hi," medde Elin.

"Sori. Hi. Lle ma' hi?"

"Wrth y sinc."

O'dd yn rhaid ei bod hi'n dene os o'dd hi wrth y sinc. Do'dd dim lle i swingo tampon yna. 'Wi'n meddwl 'nes i ddangos gormod o ddiddordeb.

"Ti isie fi ddeffro ti tro nesa mae'n dod?"

"Na, mae'n olreit."

Roeddwn i'n ddigon hapus yn rhannu *lasagne* Marks and Spencers gydag Elin, ond gydag ysbrydion? Dim diolch.

Y Bwganod Go Iawn

Ond yna, yn ystod yr ail flwyddyn, newidiodd popeth. Cododd y llais afiach 'na yn fy mhen oedd yn deud "Wow nawr. Os w't ti'n meddwl bod pethe'n mynd i fod yn iawn, ti'n twyllo d'unan."

Roeddwn i wedi'i glywed e o'r blaen ond rhywsut wedi llwyddo i'w anwybyddu. Ond bellach roedd y llais yn gryfach ac yn uwch. Nid oedd modd ei osgoi mwyach. Ond eto, roeddwn yn dechre dysgu shwt i guddio'r bwgan, ond nid oedd hyn yn broses hawdd. A finne'n fwndel bywiog a swnllyd ar y tu fas, yn araf bach gychwynnes i gadw draw rhag pobol oherwydd o'n i ddim isie i neb wbod bod fy myd i ar chwâl yn ddireswm. Pam nad oedd modd i bethe fynd 'nôl fel o'n nhw ac i finne fod fel pawb arall? Heb reswm i fecso am unrhyw beth? Ro'n i'n dal i fedru chwarae'r clown – fi oedd Rhian Wali! Ond roedd yn anoddach ac yn anoddach, a'r wên yn troi yn fwy ac yn fwy artiffisial, a thu ôl i ddrysau caeedig 'nes i ddechrau brwydro go iawn gyda'r iselder sydd yn fy llorio o dro i dro hyd heddiw.

Yn ystod y cyfnod yma sylweddolais i mai drwy gadw'n brysur roedd modd cadw'r bwganod draw. A dyna beth 'nes i felly – taflu fy hun i ganol fy ngwaith academaidd gan arwain at y wyrth fwya, sef Gradd 2:1. BSc mewn Economeg Gwleidyddiaeth Ranbarthol, a'r byd gwleidyddol ranbarthol a finne mewn sioc. Mwy o opsiynau felly, a'r posibilrwydd o droi'r holl waith a'r astudiaethau yn yrfa.

Awgrymwyd y gallwn naill ai ymuno â'r gwasanaeth sifil neu'r gwasanaeth diplomataidd, a finne'n cynhyrfu'n bost. Efallai nad teledu oedd fy nyfodol wedi'r cyfan. Efallai mai fi fydde'r Jemeima Bond cyntaf Cymraeg. Pryd fydde'r gwersi *ju-jitsu* yn cychwyn? Ai fy nhynged i fydde teithio'r byd yn gwisgo dillad neis, lladd pobol a bod yn secsist? Oedd angen *visa* arna i?

Pan wedon nhw bod swydd yn mynd gyda Chyngor Sir Gaerfyrddin yn llyfu stamps, wedes i "na, dim diolch yn fawr," ac off â fi. Gochelwch, S4C, fi'n dod. I le, sai'n gwbod, ond 'wi'n dod.

Cyn symud ymlaen hoffwn esbonio pam bod pobol yn fy ngalw i yn 'Rhian Wali'

Ar ddiwrnod fy mhen-blwydd yn ddwy ar bymtheg oed fe ges i chwaraewr casetiau newydd gan Mam a Dad. Ie wir, casetiau. Dim CD. Dim Spotify. A chi'n gwbod beth? 'Wi'n meddwl 'nes i grio. Do'dd dim ots 'da fi wrando ar recordiau Roy Orbison neu Peters and Lee, ond roeddwn i isie gwrando ar fy nheip i o beth. A do'dd dim ots faint 'nes i drial, do'dd Mam a Dad byth yn mynd i bopo i Duran Duran. Roedd y peiriant bach plastig llwyd gydag un *speaker* ac un twll i hwpo'r casét i mewn iddo fe gyda handlen a radio ar ei ben (FM a MW a LW, diolch yn fawr) yn golygu rhyddid cerddorol. Roeddwn i'n ei garu e'n fwy nag o'n i'n caru Arctic Roll, ac roeddwn i wir yn caru Arctic Roll.

Y casét cynta 'nes i brynu oedd Wham, a 'nes i whare hwnnw gyment nes imi orfod prynu copi arall. Erbyn hyn roedden ni'n byw yng Nghaerfyrddin. 'Wi'n meddwl bod Mam a Dad wedi penderfynu rhywdro eu bod nhw naill am ein paratoi ni i fynd i fyw yn Alaska neu jest ddim isie inni dyfu i fyny i fod yn wimps, oherwydd roedd pob tŷ i ni fyw ynddo fe fwy neu lai heb unrhyw system gwres canolog normal. A chyn i chi feddwl 'mod i'n cwyno, 'wi'n meddwl mai dyna'r prif reswm pam 'wi'n gallu sefyll allan ar ben mynydd am oriau heb fecso.

Ond yn ôl i'r stori ac i'r tŷ yng Nghaerfyrddin. Doedd dim gwresogydd yn fy stafell wely ac felly roedd Mam a Dad wedi gosod un o'r tanau trydanol yn y stafell – y teip roeddech chi'n plygan mewn ac roedd rhyw fflamau artiffisial a bariau gwres – y teip roedden nhw wastad yn eu defnyddio yn yr hysbysebion am bobol yn cael eu lladd mewn tanau yn y cartref.

Ychydig ddyddie ar ôl i mi dderbyn y chwaraewr casetiau ffandabidosi roeddwn yn fy stafell wely yn gwrando ar Club

Tropicana. Yn fy mhen roedd George Michael yn y bydji smyglers lleia welodd merch ddiniwed o Abertawellanelligaerfyrddin erioed. Roedd y stafell wely, ar y llaw arall, cyn oered â Siberia.

Ar ôl i Joe Calzaghe ymddangos ar Strictly Come Dancing penderfynodd e a'i bartner dawnsio Kristina Rihanoff nad oedden nhw isie'r ddawns ddod i ben, fel petai. Yn ystod y cyfnod yma o gariad mawr fe wahoddwyd Joe i agor pont yn ei enw yn Nhrecelyn. A'th Kristina lawr gydag e. Roedd criw Wales Today yn bresennol a gofynnodd y gohebydd i Kristina beth oedd hi'n feddwl o Drecelyn? Atebodd Kristina – a fi isie i chi weud hyn yn eich pen mewn acen Rwsiaidd – "It is very beautiful, it reminds me of Siberia." Chi ddim yn gweld hwnna ar bosteri Croeso Cymru...

Felly, Club Tropicana. Oedd, roedd hi'n oer. Felly 'nes i switsho'r tân ymlaen. Dau blyg oedd yn y stafell ac roedd y ddau nesa at ei gilydd. Wrth i George Michael esbonio bod diodydd Club Tropicana am ddim ges i ryw deimlad bod rhywbeth yn llosgi yn y stafell. Dyna beth sy'n digwydd pan y'ch chi'n rhoi chwaraewr casét *slap bang* o flaen y tân. Fues i'n drewi o blastig am bythefnos.

Roeddwn i'n mynd allan ar y pryd gyda chrwtyn fflipin gorjys o Aberystwyth o'r enw Deiniol, a bydden i'n trial gweld ein gilydd bob rhyw bythefnos. Rhyw wythnos wedi'r ddamwain yn y stafell wely roedd cyfarfod mudiad ieuenctid Cymdeithas yr Iaith yn Llambed ('Llambed You Call it Lampeter'). O'n i ddim yn nashi go iawn a fues i erioed yn un am beintio'r byd yn wyrdd, ond roeddwn i'n barod i brynu paent i rywun arall i beintio fe os taw dyna beth oedden nhw isie neud, ac roedd y cyfarfodydd yma yn gyfle i Deiniol a fi gyfarfod a chael snog bach ar brynhawn Sadwrn. Roedd criw o tua wyth ohonon ni'n eistedd o gwmpas bwrdd yn un o dafarndai'r dre a 'nes i esbonio iddyn nhw sut 'nes i ladd y chwaraewr casét, a wedodd un o'r criw, sef Adrian, "Ti'n rial wali". A dyna fuodd. Tri deg mlynedd yn ddiweddarach – fel na'th y chwaraewr casét i fariau'r lle tân artiffisial – mae e wedi stico.

PENNOD 3

WALKIE-TALKIES

Fel wedodd Stephen Hawking wrtha i yn yr Ŵyl Gerdd Dant yn 1990, "Man cychwyn yw mynychu coleg, Rhian – y byd yw dy wystrys." Wedes i wrtho fe bo' fi ddim yn lico wystrys achos bo' nhw'n neud i fi ddod mas mewn *rash*, a daeth y sgwrs i ben felly es i adre.

1991. Diwedd apartheid. Marwolaeth Freddy Mercury. Tra bod Brian Adams yn rhedeg o gwmpas coedwig Sherwood yn addo bod popeth ma' fe'n neud ma' fe'n neud e i ti, roeddwn innau wedi rhoi coleg y tu cefn imi ac yn whilo am swydd. Mi 'nes i felly beth oedd pawb arall yn ei neud, sef troi at brif ffynhonnell Cymru am rygbi, marwolaethau, bywyd dyddiol Catherine Zeta Jones, a swyddi. Ie, y *Western Mail*. A fan'na roedd e – yn sgrechen mas arna i – yr hysbyseb fydde'n newid fy mywyd am byth.

> *Wanted.*
> *Contestants for Miss Wales 1991.*
> *Circus skills encouraged.*
> *Nudity not compulsory.*

Nage, dim hwnna. Yr hysbyseb nesa ati.

Mae CYFLE* yn chwilio am bobol frwdfrydig a gweithgar sydd yn dyheu am yrfa ym maes teledu a ffilm.

Os oes ganddoch chi ddiddordeb ennill bywoliaeth yn y meysydd hyn, cysylltwch gyda ni er mwyn trefnu cyfweliad. (O'dd e ddim yn gwmws fel'na ond chi'n gwbod be fi'n meddwl)

Y cyntaf ar y rhestr swyddi oedd 'Colur'. Yr unig bryd o'n i'n gwisgo colur oedd i fynychu priodasau, ac roedd y syniad o ddallu un o brif actorion ein cenedl gyda brwsh masgara yn ormod i fy nghydwybod.

Yr ail ar y rhestr oedd 'Dylunio Graffeg'. O'n i'n meddwl mai dylunio oedd rhywbeth roeddech chi'n neud gyda bara.

Yn drydydd roedd 'Ail Gyfarwyddwr Cynorthwyol'. Hwn oedd yr opsiwn olaf. Do'dd dim syniad 'da fi be ddiawl roedd 'Ail Gyfarwyddwr Cynorthwyol' yn ei neud, ond roedd y gair 'cyfarwyddo' ynddo fe yn secsi, ac roedd rhywun yn mynd i dreulio dwy flynedd yn dysgu fi shwt i neud e a 'nes i ddysgu shwt i neidio allan o awyren gyda pharashwt ar fy nghefn mewn tair awr – ac mi allen i fod wedi marw neu fwrw 'nannedd ffrynt i mas yn neud hwnna. Amser i lunio cynllun pendant, felly.

1. Ennill lle ar gwrs hyfforddiant Cyfle i fod yn Ail Gyfarwyddwr Cynorthwyol a gweithio ar ffilmiau a dramâu teledu a dechre bod yn *showbizzy*.
2. Gwitho mas beth yn gwmws mae Ail Gynorthwyydd thingymajig yn ei neud.
3. Ffindo Caernarfon.

O'dd neb o'n i'n nabod yn gwbod beth oedd Ail Gyfarwyddwr Cynorthwyol, ond roedd pawb yn hyderus y bydde fe'n talu'n well na gweithio yn Millets, ac roeddwn i'n hollol siŵr y bydde'r swydd yn fy ngwneud i'n hapus felly 'nes i benderfynu dilyn fy mantra personol – "'Na i neud e. Beth yw e?"

Cyfweliad 'te. Ac ar ôl hala saith awr yn y car gyda map, pecyn o Quavers a llond bol o nerfau, 'nes i gyrraedd Caernarfon yn ofnus hyderus.

Ar ôl ychydig o gwestiynau cyffredinol, gofynnodd aelod o'r panel am fy nghefndir. Gyda balchder mawr esboniais fy mod newydd ddychwelyd adre o Aberystwyth ar ôl ennill gradd BSc. Econ mewn Economeg Gwleidyddiaeth Ranbarthol. O'n i'n meddwl y bydde nhw'n whoopan a neidio i fyny a lawr ar eu desgiau a rhoi bynting i fynd a gweiddi, "Rhian, ti'n *genius*, dere gloi i hyfforddi gyda ni cyn bod Richard Branson yn cael gafael ynddot ti."

Chi'n gwbod beth wedon nhw? Fy mod i yn orgymwys i neud y cwrs. *Over-qualified.*

Os nad oedden nhw'n teimlo 'mod i'n ddigon cymwys a 'mod i fel sledj, popeth yn iawn, ond gwrthod lle i fi a'r cyfle imi wireddu fy mreuddwydion achos bo' fi newydd dreulio tair blynedd yn trial gwella'n 'unan? O, na. Dim ar ôl busnes Prifysgol Bryste. 'Nes i esbonio iddyn nhw os oedd gormod o *fizz* mewn potel 'na gyd o'dd angen neud o'dd rhyddhau top y botel a gadael bach o'r *fizz* mas, o'dd ddim yn neud lot o synnwyr ond na'th e ddrysu nhw ddigon i gynnig lle i fi ar y cwrs. *Whoop.*

Ond beth yw Cyfle, 'wi'n clywed chi'n gweiddi?

*CYFLE

Dechreuwyd Cyfle yn 1986. Roedd y diwydiant teledu yn ffynnu (feri ffynnu, diolch i C'mon Midffîld) ac roedd angen gweithwyr yn y diwydiant oedd ddim jest yn gallu siarad

Cymraeg ond bobol fydde'n gallu siarad Cymraeg a gwbod beth oedd angen neud siwrne eu bod nhw'n cyrraedd y set. Yr adeg hynny roedd gan bawb a'i frawd a'i whar a'i anti gwmni cynhyrchu ac roedd angen idiots bach brwdfrydig fel fi i fynd i weithio iddyn nhw. Dwy flynedd o hyfforddiant felly ac ennill arian uffernol ond do'dd dim lot o ots achos roedden ni'n dysgu rhywbeth sbesial ac yn cael cyfle anhygoel.

Dyw e ddim yn bodoli mwyach. Newidiodd y busnes. Newidiodd S4C.

Yr adeg hynny roedd y diwydiant ffilm a theledu yn ffatri freuddwydion go iawn. Dramâu unigol a chyfresi drama oedd bara menyn y sianel. O Halen yn y Gwaed *i* Pengelli, *o* Jabas *i'r* Heliwr, *roedd rhywbeth at ddant pawb. Ond bellach, fel ym mhob diwydiant, diwedd y gân yw'r geiniog, a hen fusnes drud yw'r busnes ffilmio dramâu, felly mae llai ohono fe'n digwydd, sy'n golygu bod angen llenwi'r arlwy gyda chwisys a phobol yn canu neu bobol sy'n gallu canu mewn cwisys.*

Gallwch chi hefyd ddadlau ein bod ni wedi bod yn feistri ar ein cwymp ni ein hunen, oherwydd yn ystod y cyfnod ariannwyd llawer o stincers, *ac mae 'na gynhyrchwyr ledled Cymru yn byw mewn tai mawr crand, diolch i gynyrchiadau diog ffwrdd-â-hi ble roedd y flaenoriaeth ar gyflawni o fewn cyllideb a gwneud arian yn hytrach nag amddiffyn ansawdd a chreadigrwydd ... ry'ch chi'n gwbod pwy y'ch chi a 'wi'n gobeithio'ch bod chi'n gallu cysgu'r nos.*

Ta waeth, ganol yr wythdegau roedd teledu Cymru yn mwynhau cyfnod euraid, gyda rhaglenni di-ri yn swyno'r gynulleidfa Gymraeg – *Jabas* yn toddi calonnau; Wali a Mr Picton yn *C'mon Midffîld* yn uno Cymru gyfan wrth neud i ni chwerthin. *Superted* a'r *Gogs* a *Mwy Na Phapur Newydd* yn dangos ein bod ni'n gwneud rhaglenni a chyfresi cystal os nad gwell na'n cyfeillion ar draws y bont, a'r opera sebon *Dinas* yn dangos ein bod ni... wel, sai'n siŵr beth o'dd *Dinas* yn trial dangos i ni ond roedd e'n camp ac roedd dillad a sets neis gyda nhw. Ffatri freuddwydion go iawn, a finne'n cael y cyfle i fynd i chwarae gyda nhw.

Yn y Dechreuad yr oedd y Gair, a'r Gair oedd *Action*

Roedd y rhan fwyaf o ffilmio yn cael ei ganoli o gwmpas naill ai Caernarfon yn y gogledd neu Gaerdydd yn y de. Gofynnodd y bobol neis yn swyddfa Cyfle i fi lle roeddwn i am gael fy lleoli. Wedes i 'Caerdydd'. Wedon nhw, lyfli, ti'n dechrau yn y Felinheli. Ar ôl checko map yr AA 'nes i sylweddoli nad oedd y Felinheli yn agos i Gaerdydd, ond do'dd dim ots 'da fi achos roeddwn i'n mynd i weithio ar ffilm, felly 'nes i bacio fy mag, prynu *thermals* a symud i fyw lan sha'r North a chychwyn gweithio ar fy nghynhyrchiad cyntaf – cyfres fer o'r enw *Heb Ei Fai*. Roedd hon yn stori bwerus am Gymdeithas yr Iaith a'r FWA (Free Wales Army, nid Free Willy America) ac roedd pobol yn cael eu saethu ac roedd ceir yn chwythu lan ac 'wi'n meddwl fod pobol yn cael secs yn rhywle ond dim ond hanner y sgript ges i.

Pan weles i'r cast ges i *orgasm*. John Ogwen, Dorian Thomas, Mari Rowland Hughes ac Olwen Medi. Os nad y'ch chi'n gyfarwydd gyda'u henwe nhw, dychmygwch eich bod chi'n dwlu ar bêl-droed a chi'n mynd lawr y parc ar brynhawn dydd Sul i gico pêl a fan'na yn dishgwl amdanoch chi mae Alan Shearer, Harry Kane, Gary Lineker ac Aaron Ramsay. Wel, mi fyddech chi'n dwlu. Ac fel'na roeddwn i'n teimlo yn gweithio gyda'r uchod

– pob un yn seren yn fy ffurfafen a finne ar fin saethu fel rocet i'w canol nhw.

Sai'n credu 'nes i gysgu am wthnos gyfan cyn y diwrnod cyntaf. Whare teg, doeddwn i heb fod ar set ffilm o'r blaen a do'dd dim syniad 'da fi beth o'n i fod i neud ond fi fydde'r gorau am ei neud e. Roedd rhywun wedi fy rhybuddio i y bydde'r oriau yn hir. Roedd pobol yn cyfeirio at gwmni cynhyrchu Ffilmiau Eryri fel 'Ffilmiau Spar', achos eu bod nhw'n cadw'r un oriau â'r siop boblogaidd honno – *Eight 'til Late*. Ond do'dd dim ots gyda fi. Os oeddwn i'n brysur do'dd dim amser i gydnabod y bwganod. O, na. Roedd hi'n bwysig cadw'n brysur.

***Heb Ei Fai*. Diwrnod 1.**

'Wi'n cofio fel ddoe derbyn *walkie-talkie* am y tro cyntaf. I fi, pobol cŵl fel Starsky a Hutch oedd yn defnyddio *walkie-talkies*. 'Nes i ofyn pam oedd isie un arna i ac fe esboniwyd mai dyma'r ffordd roedd y criw cynhyrchu yn cyfathrebu gyda'i gilydd. Roedd hyn yn gweithio'n grêt nes bod batri rhywun yn mynd yn fflat neu rywun yn gadael e i gwmpo mewn i'r tŷ bach neu anghofio ei droi e 'mlaen yn gyfan gwbwl, ond am y tro roeddwn i'n teimlo fel y pedwerydd *Charlie's Angel*.

Yn ystod y dyddie cynta ges i stŵr gan Dennis Pritchard Jones y cyfarwyddwr am adael i'r radio hongian ar gefn fy nhrwser a finne'n cachu fy hun wrth esbonio mai o fan'na o'dd y sens yn dod. Roedd hi'n gyfnod cyffrous – cyfnod o ddysgu. Wele yn fras felly rai o'r pethe pwysica 'nes i ddysgu.

1. Mae'n bosib bod yn rhy ddiniwed.
2. Yn ôl yn yr wythdegau roedd criwiau cyfresi drama a ffilm fel rhyw deuluoedd syrcas mawr lliwgar a swnllyd yn symud

o gwmpas y wlad. Dyw hynny ddim mor wir nawr falle, oherwydd bod llai o gynyrchiadau mawr yn cael eu ffilmio. Ond y nod yw hyn, ar y cyfan: os yw'r sgript yn gofyn bod cymeriad Al Pacino yn cerdded lawr stryd fawr Llangefni ac yn pwyntio dryll at y cloc ar y maes ac yn gweiddi at gymeriad Robert De Niro: "Llangefni isn't big enough for both of us," mae Mrs Jones Llanrug yn mynd i sylwi oni bai bod y cataracts wedi cicio mewn os yw'r cwmni cynhyrchu yn ffilmio'r olygfa yn erbyn wal frics yng Nghaerdydd. Na. Os yw'r awdur am fynd â ni, y gwylwyr, ar daith yna mae'n rhaid i ni fedru ymroi gant y cant neu mae pawb yn gwastraffu eu hamser, a 'wi'n gweud 'ni' achos fi yw'r cyntaf i ymgolli yn llwyr mewn ffilm er 'mod i'n gwbod y trics i gyd erbyn hyn. 'Nes i grio am ddeuddydd pan fu farw (*SPOILER ALERT*) Mustafa yn y *Lion King*, a chartŵn oedd hwnnw.

Felly os yw'r awdur angen i'w gymeriadau neu ei chymeriadau ddringo i ben mynydd arbennig, a bod yr arian a'r amser ar gael, mi neith Mohammed a'i syrcas fynd i ben y mynydd. O, 'newn tad. Mae hyn hefyd yn golygu bod wastad rhywun mewn rhyw swyddfa gydag *ulcer* neu dri yn trial gweithio mas yr holl lojistics o sut i gael pawb mor agos i'r mynydd ag sy'n bosib. Mae hyn yn cynnwys y criw a'r actorion, ac un o fy nyletswyddau i oedd gwneud yn siŵr bod yr actorion yn cyrraedd y lleoliad ar gychwyn y diwrnod ffilmio ac yn cyrraedd adre'n ddiogel ar ôl cwblhau'r ffilmio.

Peint ar y ffordd adre?
Yr actor cyntaf ddaeth o dan fy ngofal i oedd y diweddar Dorian Thomas – actor grymus llawn cymeriad o'r cymoedd a wyneb cyfarwydd iawn. Ry'ch chi wedi ei weld e ar gynyrchiadau fel y

ffilm *Twin Town* gyda Rhys Ifans a'i frawd Llŷr; ar *High Hopes*, *Tair Chwaer* ac *Emmerdale* Cymru, *Pobol y Cwm*. ('Wi'n rhoi *Pobol y Cwm* yn olaf oherwydd dyw e ddim yn cownto achos mae pawb wedi bod ar *Pobol y Cwm*. Ma' hyd yn oed Mam wedi bod ar *Pobol y Cwm*.)

Fy niwrnod cyntaf, ac i ffwrdd â fi i bigo Dorian i fyny o'i gartref dros dro yn y gogs wrth ffilmio'r gyfres, sef ffermdy oedd hanner ffordd rhwng y Bermuda Triangle a thwll din y byd. A chyn rhyfeddodau sat-nav roedd dau opsiwn: ffindo lle oeddech chi isie mynd, neu ddim ffindo fe.

Roeddwn i wedi mynd i whilo'r lle y diwrnod cynt – tair awr o 'mywyd i ga i byth yn ôl – ond roedd e werth e oherwydd 'nes i bigo fe fyny ar amser oedd yn ddiawledig o gynnar, ond do'dd dim ots 'da fi achos o'n i heb gysgu y noson cynt ta beth, a'i gludo fe at y bobol colur a gwisgoedd oedd wedi parcio wrth ymyl y lleoliad a hynny yn hollol ddiffwdan. Ac ar ôl diwrnod prysur o neud te a chario pethe a gwenu a bod yn neis i bobol a rhoi petrol mewn ceir a gwneud mwy o baneidie, daeth diwedd y diwrnod ffilmio ac roedd angen dychwelyd Dorian i'w gartref. Ar ôl rhyw bum munud yn y car wedodd Dorian ei fod e whant peint ar y ffordd adre.

"Dim problem, Mr Thomas. Lle licech chi fynd?"

Wrth gwrs, o'dd e'n gwbod lle o'dd e isie mynd. Roiodd e gyfarwyddiadau i fi i ryw dafarn hollol anghysbell.

"Fydda i ddim yn hir," medde fe wrth gau drws y car tu ôl iddo fe. "Ti'n siŵr bod dim ots 'da ti aros?"

"Dim o gwbwl, Mr Thomas. Ma' isie i fi ddarllen *call sheet* fory."

Call sheet – Mae hwn yn cael ei gyhoeddi'n ddyddiol. Pan y'ch chi'n ffilmio, hwn yw eich beibl chi. Ac mae pobol fel fi yn gwneud yn siŵr bod popeth sydd isie'i wbod arno fe, fel pa

43

*olygfeydd sy'n cael eu ffilmio, lle ma' nhw'n cael eu ffilmio, pa
dywydd fydd hi tra bod y ffilmio'n mynd 'mlan, pa actorion
sydd yn y golygfeydd a pha brops bydd yr actorion yn syrthio
drostyn nhw yn y golygfeydd hynny. Weithie mae pobol yn
mynd dros ben llestri wrth lenwi'r rhein sydd yn wastraff
amser oherwydd yn y bôn beth ma' pobol isie gwbod yw lle
ma' nhw fod parcio, pryd ma' cinio, lle mae'r tŷ bach a phryd
ma' nhw'n cael mynd adre.*

Tua ugain munud ar ôl stop-tap da'th Dorian mas o'r dafarn ac
es i ag e adre. Erbyn hyn roeddwn i wedi darllen y *call sheet* ryw
saith deg o weithie ac wedi ei ddysgu fe. Petawn i wedi mynd
ar *Mastermind* bydde Magnus Magnusson, oedd yn cyflwyno
Mastermind ar y pryd, wedi gweud – ar ôl i fi sgorio ugain pwynt
heb unrhyw *pass* – "Rhian, you know that call sheet". Un o'r pethe
'nes i ddysgu oedd bod disgwyl imi fod yn ôl ar leoliad erbyn
chwech o'r gloch y bore canlynol, ond do'dd dim ots 'da fi achos
roeddwn i wedi neud beth o'n i fod i neud.

Ar ôl rhyw wythnos o yrru Dorian adre sylwodd Helen
Wyn yr Ail Gyfarwyddwr Cynorthwyol bod golwg wirioneddol
knackered arna i a holodd hi os oedd popeth yn iawn. Mae Helen
y teip sy'n gofalu ar ôl pawb a braf oedd cael ei chefnogaeth yn
ystod y dyddie cynnar. 'Nes i gyfaddef bod yr oriau hir wedi
bod yn sioc i'r system ond do'dd dim isie iddi fecso achos roedd
Margaret Thatcher ond yn cysgu rhyw beder awr bob nos, ac
roedd honno wedi rhedeg gwlad. Roeddwn i hefyd yn amau mai
diffyg cwsg oedd yn gyfrifol am Thatcher yn taflu ei handbag a'r
fyddin Brydeinig at y Falklands, ond wedes i ddim byd.

Ta waeth, roedd Helen fel bòs da yn benderfynol o ffindo

mas beth oedd yn bod, felly 'nes i esbonio wrthi am y trips adre gyda Dorian. Yn rhyfeddol, wedi hynny fe benderfynodd Dorian nad oedd e am fynd i'r dafarn ar y ffordd adre, a 'nes i benderfynu peidio bod cweit mor naïf.

Os wyt ti isie rhywbeth, mae'n rhaid gofyn

Yr ail beth 'nes i ddysgu oedd pwysigrwydd stopio traffig. Na, y'ch chi heb gamddeall. Mae pobol ffilmio yn stopio traffig. 'Wi'n siŵr eich bod chi rywdro wedi gwylio *Silent Witness* neu ryw ddrama sydd wedi ei lleoli ganol Llunden, a chi'n synnu bod cyn lleied o draffig ar Oxford Street, a chi'n gweld pobol yn parcio tu fas i lefydd ac ma' nhw wastad yn cael lle i barcio, tra bo' chi a fi yn gyrru rownd am orie yn whilo am rywle i barcio cyn *give up* a diflannu mewn i fogel maes parcio hanner awr i ffwrdd. Ers talwm mi fydde hyn oherwydd bod pobol fel fi yn sefyll ganol hewl yn rhywle yn stopio ceir.

Dyw e ddim yn digwydd gymaint nawr, ac mae hynny yn bennaf oherwydd fod yr heddlu wedi penderfynu bod gosod pobol teledu heb unrhyw brofiad neu gefndir o reoli traffig ganol hewl ar rai o ffyrdd prysuraf Cymru yn HOLLOL beryglus ac yn NYTS, ac felly mae disgwyl i gwmnïau cynhyrchu bellach neud lot o drefnu o flaen llaw, profi bod stopio traffig yn hollol hanfodol, cael caniatâd y cyngor lleol, llenwi tudalennau o asesiadau risg sydd wastad yn bleser eu gwneud, ac os oes arian yn y gyllideb gallwch chi drefnu cael plismyn go iawn mas 'da chi i reoli pethe.

Ond ugain mlynedd yn ôl roedd pawb wrthi.

Mae lot o resymau am hyn, ar wahân i'r uchod:

Diogelwch. Fydde dim lot o ffilm 'da chi os bydde'ch prif gymeriad yn cael ei fwrw lawr gan gar ar y diwrnod cyntaf.

Diwrnod olaf y ffilmio bydde fe ddim yn gyment o broblem, ond unrhyw bryd cyn hynny ac mi fydde fe'n bedlam. Bydde *Sound of Music* heb weithio gystal 'se Julie Andrews wedi cael ei bwrw lawr gan gart a cheffyl dan ganu 'I have confidence in confidence alone'.

Mae'r bobol sydd yn recordio sain yn clywed pob dim… popeth! Mi ddylien nhw weithio i MI5. Os ydych chi isie gwbod beth sy'n cael ei ddweud tu fas i dŷ yn Llambed, gofynnwch wrth foi sain sydd yn ffilmio yn Llandysul. Ac nid traffig yn unig yw eu gelyn nhw.

Wrth weithio ar y gyfres *Lleifior* (gewch chi hanes honno yn y man), roedden ni'n ffilmio tu fas i blas swanci. Roedd dwsinau o beunod ar y tir o gwmpas y plas ac wrth i'r haul fachlud roedd y peunod yn dianc i fyny'r coed. A sai'n gwbod os oedd e'n dymor bechingalw – chi'n gwbod beth fi'n weud – ond roedden nhw'n neud y sŵn mwya diawledig. Pan oeddwn yn Cyfle roeddwn yn gwneud mwy neu lai bob dim roedd pobol yn dweud wrtha i neud nes bod rhywun yn dweud wrtha i stopio neud e, a phan wedodd rhywun wrtha i gadw'r paun yn dawel tra bod y criw a'r cast yn mynd am gynnig, wedes i, "Ie, wrth gwrs. Beth yw paun a lle odw i'n mynd i ffindo un?" Esboniodd rhywun wrtha i mai paun yw *peacock*. O'n i ddim yn lico peunod ers i un chaso ar f'ôl i yn Longleat, ond wedes i ddim byd. Wedodd yr un person wrtha i taw'r ffordd i gadw paun yn dawel yw sefyll wrth ei ymyl e, neu odano fe os ydi e wedi mynd lan coeden i neud bechingalw (chi'n gwbod beth), a chlapio. O'n i'n gwbod bod actorion yn hoffi canmoliaeth ond paun? Wir? O'n i ddim yn mynd i ddadlau. A chi'n gwbod beth? Ma' fe'n gweithio. Sefwch o dan goeden llawn peunod. Clapiwch. Ma' nhw'n mynd yn hollol nyts am ryw hanner munud a wedyn tawelwch!

Sori. 'Wi'n berson sydd yn gwyro. Yn ôl at y stopio traffig. Ry'n ni'n ei neud e fel bod neb yn marw ac fel bo' chi bobol ffodus gatre yn gallu clywed beth sydd yn cael ei ddweud. Ac roeddwn inne yn fy swydd gyntaf yn hapus iawn i neud hyn oherwydd roeddwn i am gyfrannu a bod yn rhan o'r tîm ac os mai drwy stopio traffig oedd gwneud hynny, wel dyna beth o'n i am neud. Ac roeddwn i'n cael gwisgo siaced *fluorescent*. *BOOM*.

Stoooooop
Er mwyn stopio traffig yn iawn mae angen rhyw gymysgwch od o hyder, twpdra a lot o ddewrder. Mae'n rhaid i chi hefyd gael lot o ffydd bod y person sy'n gyrru tuag atoch chi tra bo' chi'n sefyll ganol hewl yn gwneud rhyw arwyddion dwl yn mynd i arafu, a bod e ddim yn whilo am Champion FM ar radio'r car neu'n whilmentan am y Kit Kat gwmpodd dan y sêt, neu bod e jest ddim yn lico pobol sy'n sefyll ganol hewl yn gwisgo siacedi llachar.

Siwrne bod y car yn stopio, y gamp nesaf yw perswadio'r gyrrwr bod yr hyn r'ych chi'n neud – hynny yw, y criw ffilmio – lot yn bwysicach na beth bynnag ma' nhw ganol ei neud. Odyn, rydyn ni bobol ffilmio yn meddwl ein bod ni'n bwysig iawn weithie ac odyn, ni'n haeddu slap. Ond yn ôl at fy nhro cyntaf i ar yr hewl. Roedden ni'n ffilmio yng nghysgod chwarel Rhosgadfan. Mae Rhosgadfan ryw bum milltir i'r dwyrain o Gaernarfon. Petawn i'n Salman Rushdie gyda *fatwah* arna i, bydden i wedi mynd i aros mewn B&B yn fan'na achos *no way* bydde rhywun wedi ffindo fi. Ond waw, roedd y golygfeydd yn fendigedig ac yn denu'r llygaid lawr tuag at Gaernarfon tra bod llechi'r chwarel yn sgleinio tu cefen i chi. Waw ffactor go iawn. 'Wi wedi sôn eisoes am Helen yr Ail Gynorthwyydd Cyfarwyddo, sef y swydd roeddwn i'n cael fy hyfforddi i neud. Fel arfer mae Trydydd Cynorthwyydd Cyfarwyddo, Ail Gynorthwyydd Cyfarwyddo a Chyfarwyddwr Cynorthwyol Cyntaf. A hon neu hwn sydd yn cadw trefn ar bob dim sydd yn digwydd ar y set. Swyddogaeth ef neu hi yw gwneud yn siŵr bod yr amserlen ffilmio yn cael ei chyflawni o fewn amser a chyllideb.

Gruff oedd y Cyfarwyddwr Cynorthwyol Cyntaf ar *Heb ei Fai*, a phan wedodd e wrtha i bod e isie i fi stopio traffig roeddwn i wedi dweud "ie plis" cyn i chi allu dweud "os o's rhywun yn bwrw ti lawr 'sdim insiwrans 'da'r cwmni ac os byddi di'n treulio gweddill dy fywyd yn driblan mewn cornel dy fai di fydd e." Fel'na oeddwn i. Isie plesio pawb fel rhyw labrador chwe wythnos oed. Roedd y bwganod wedi plannu rhyw ansicrwydd yndda i nad oedd yn bodoli cynt, ac roeddwn wedi penderfynu os oeddwn yn gwneud beth o'n i fod i neud yn iawn mi fydde pobol yn hapus, ac os oedd pawb arall yn hapus roeddwn inne yn siŵr o fod yn hapus hefyd, ac mi fydde hynny yn rhoi hyder i mi. Beth fyddwn i'n dysgu wrth fynd yn hŷn, wrth gwrs, yw bod hapusrwydd yn rhywbeth sy'n gorfod cychwyn gyda'r person yn gyntaf, ond ar y pryd roeddwn i'n naïf iawn.

Wrth i fi wisgo'r siaced lachar do'dd dim syniad gyda fi beth oedd yn cael ei ffilmio'r diwrnod hwnnw. Ond ro'n i'n gwbod bod pethe mawr ar y gweill oherwydd roedd pawb bach yn *stressed* a ddim yn siarad a chwarae o gwmpas gymaint ag o'n nhw fel arfer. Roedd lot o ryw gerdded yn ôl a 'mlan – y dynon yn bennaf. Ac wedyn mi fydde criw ohonyn nhw'n ymgynnull ac yn creu rhyw hydl bach ac mi fydde 'na lot o bwyntio at bethe yn y pellter. Mae dynon ar setiau ffilm yn hoff iawn o sefyll rownd mewn hydls bach yn pwyntio at bethe. O brofiad, mae hyn yn arwydd nad oes syniad gyda nhw beth i neud ond o leia 'dyn nhw ddim yn 'ddim yn neud e' ar ben eu hunen.

Mi 'nes i ystyried gofyn i Gruff beth oedd yn mynd 'mlan ond o'n i'n gallu gweld bod lot ar ei feddwl e felly 'nes i afael yn fy *walkie-talkie* a dechreues i gerdded lawr tuag at dre Caernarfon. Roedd Gruff wedi dweud wrtha i neud yn siŵr 'mod i'n ddigon pell o'r set fel bod y boi sain yn methu clywed sŵn injans ceir, felly ar ôl rhyw ddeng munud o gerdded 'nes i gymryd fy safle.

A fan'na fues i – yn aros. Roeddwn i'n cadw at ochor yr hewl am y tro ond roeddwn i'n barod i neidio allan i'r canol yr eiliad roedd Gruff yn fy ngorchymyn i wneud hynny.

'Hurry up and wait.' Mae'r geiriau yma yn cyfleu pob dim am ffilmio. Os nad oes gyda chi rôl benodol ar set deledu neu ffilm 'sdim lle mwy diflas yn y byd. Dyna pam 'wi wastad yn trial cadw'n fishi. A'r bore hwnnw roedd lot o aros. Ac aros… a mwy o aros. Wel, fe ddechreues i boeni.

Pam y tawelwch mawr? Do's bosib y dylie rhywbeth fod yn digwydd. Mi fydde'n amser cinio cyn bo hir, a lot yn bwysicach 'na hynny, o'n i heb stopio unrhyw draffig. Roies i shiglad go dda i'r *walkie-talkie* i neud yn siŵr ei fod e'n gweithio. Dim byd. Ges i ryw bwl o isie cael pishad ond mi roies stŵr i fi fy hun. Rhian, dim nawr oedd yr amser i bisho. Roedd hyn yn ddifrifol. Mwy o dawelwch. *No way* o'dd y *walkie-talkie* yn gweithio. Roeddwn i ar fin cychwyn cerdded yn ôl at y criw pan glywes i lais cyfarwydd.

"Gruff i Rhian?"

Roedd fy nghalon fach yn llawn cynnwrf yn pwmpo drwyddi.

"Rhian i Gruff!"

"Ydi'r hewl yn glir?"

"Odi, Gruff."

"Os yw'r hewl yn glir, stopiwch y traffig."

Do'dd y frawddeg ddim yn neud synnwyr. Os oedd yr hewl yn glir roedd hynny'n golygu bod dim traffig, ond roeddwn i'n hapus i fynd gyda'r lingo newydd hyn.

"Traffig wedi'i stopio, Gruff."

"Troi drosodd," medde Gruff.

Cymeres fy safle ganol yr hewl fel Gandalf yn *Lord of the Rings*.

"THOU SHALL NOT PASS."

Edrychais i lawr sha'r pentre. Oedd rhywbeth yn dod? Nag oedd. Gwrando yn astud am hanes unrhyw gar, neu lorri. O'dd lorris yn dod lan ffordd hyn? Siŵr o fod. Os oedd lorri yn digwydd gyrru tuag ata i roeddwn i'n gobeithio nad oedd ar unrhyw frys oherwydd doedd *bugger all* yn mynd i basio fi nes bod Gruff yn dweud wrtha i ei bod hi'n iawn i ryddhau'r traffig.

Ond yn sydyn... hisht... o'n i'n clywed rhywbeth. Roedd rhywbeth yn dod tuag ata i. Car? Car o'dd yn swnio fel rhywun yn rhedeg. Skoda falle. O'dd rhywun wedi dweud wrtha i mai pedalau o'dd 'da Skoda.

Yn sydyn reit dyma'r boi 'ma yn rhedeg tuag ata i. 'Nes i weithio mas ei fod e o leia yn ei bedwardegau cynnar. Pam bydde hen bobol yn jogan? O'dd e'n gwisgo fest a shorts tyn melyn, ac o'r ffordd roedd e'n rhedeg roedd rhywbeth yn rwto rywle. Ych.

Rhian, ffocws plis, roedd hyn yn bwysig. Roedd y boi yn agosáu. Beth o'n i fod neud nawr? Wedodd Gruff am draffig. O'dd rhywun yn rhedeg yn draffig? Well i fi ofyn i Gruff, bydde fe'n gwbod beth i neud. Wow nawr. Y rheol fawr oedd BYTH siarad ar y *walkie-talkie* siwrne bod Gruff wedi dweud 'troi drosodd'. Mi fydde'n sŵn i dros y radio yn amharu ar bob dim. Allen i strwa popeth – oriau o waith paratoi manwl ac mi fydde'n rhaid iddyn nhw gychwyn o'r cychwyn unwaith eto a bydde Gruff a phawb arall yn flin 'da fi. Tra bod yr holl feddylie hyn yn chwyrlïo drwy 'mhen i fe redodd y boi bach syth heibio i fi.

'Nes i wylio fe'n rhedeg i fyny'r hewl a rownd y gornel.

Stopio traffig, wedodd Gruff. Wedodd e ddim byd am bobol yn rhedeg.

BANG.

Be ddiawl o'dd hwnna?

BANG. Ond nid bang cyffredin o'dd e – er, beth yn union yw bang cyffredin? Ta beth, bang dryll oedd hwn a'i sŵn hyll yn adleisio dros y chwarel. BANG arall. A wedyn tawelwch llethol. Oedd rhywun wedi saethu'r boi bach? Yn sydyn 'nes i gofio. Heddi oedd y diwrnod pan oedd y bobol ddrwg yn saethu'r bobol doji. Damo. Dyna beth oedd yr holl hydlo. Ife fi fydde'n gorfod deud wrth ei deulu fe? Dechreues i chwysu. Mam bach, fi wedi lladd rhywun.

Da'th e lawr yn gloiach nag a'th e fyny. O'dd beth bynnag oedd yn rwtan ddim yn rwtan mwyach. 'Nes i ofyn iddo fe os o'dd e'n olreit ond wedodd e ddim byd. Gwers bwysig felly. Os wyt ti'n mynd i stopio rhywbeth ffinda mas pam wyt ti'n stopio fe gynta.

Gymrodd hi ryw chwe wythnos i ffilmio *Heb Ei Fai*, ac y'ch chi'n gwbod beth? 'Nes i fwynhau pob eiliad. Am y tro cyntaf roeddwn i'n rhan o rywbeth roeddwn i'n ei garu ac roeddwn i'n teimlo 'mod i'n perthyn. Ac wrth gadw fynd drwy'r dydd doedd y bwganod ddim yn cael cyfle i effeithio arna i. A phob tro roeddwn i'n ymwybodol eu bod nhw wrth law roeddwn i'n ffeindio mwy a mwy o bethe i neud. Ac wrth ddysgu mwy o sgiliau ffilmio roeddwn i hefyd yn dysgu mwy o sgiliau cuddio fy nheimladau. Cyn bo hir mi fyddwn i'n feistres ar wneud.

Y Criw Cynhyrchu

Cyn mynd ymhellach, well i fi esbonio i chi beth yn union yw dyletswyddau Ail Gynorthwyydd Cyfarwyddo. Prif swyddogaeth pob aelod o'r criw – beth bynnag eu crefft – yw rhoi cig a gwaed i'r sgript. Rhan allweddol o hyn yw gweledigaeth y cyfarwyddwr ac yn ddelfrydol mae e neu hi wedi gwneud eu gwaith cartre ac yn troi fyny ar leoliad ar y diwrnodau ffilmio ac yn gwbod yn gwmws beth ma' nhw isie neud. A phan mae hyn yn digwydd mae 'da chi griw bodlon oherwydd 'sdim byd gwa'th na chyfarwyddwr sydd yn neud e lan wrth fynd 'mlan. A bois bach, ma' digon o'r rheini yn y byd 'ma, sydd yn bechod mawr oherwydd un o'r ffactorau hanfodol yn y byd ffilmio yw momentwm. Dyna un o fy hoff eiriau – momentwm. Pan mae momentwm mae llif a rhythm hyfryd i'r diwrnod ac ma' pawb yn deall beth ma' nhw fod neud ac ma' pawb yn hapus.

Swydd y cyfarwyddwyr cynorthwyol – y tri 'nes i sonio amdanyn nhw gynne fach – yw helpu'r cyfarwyddwr i wireddu'r hyn mae e isie neud, cynnal y momentwm a sicrhau cyrraedd targedau'r ffilmio. Mae'r 1af a'r 3ydd yn gweithio gyda'r cyfarwyddwr ar y llawr neu ar y set. Mae'r 2il yn cydweithio gyda'r 1af, y swyddfa a'r adrannau colur a gwisgoedd er mwyn gwneud yn saff bod yr actorion lle ma' nhw fod pryd ma' nhw fod, yn gwisgo be ma' nhw fod, ac yn dishgwl yn biwtiffwl ac yn gwbod pa linellau i ddysgu ar gyfer y diwrnod hwnnw. Yr Ail Gynorthwyydd sydd hefyd yn gyfrifol am drefnu unrhyw ychwanegolion – ecstras. Mae'n golygu lot o waith gweinyddol ond mae'r Ail, pan fo angen, hefyd yn bâr o ddwylo handi ar y set ar ddiwrnodau prysur. Aelod olaf ond hanfodol y tîm yw'r rhedwr sydd yn neud beth bynnag ma' pawb yn gofyn iddo fe neud. Dyna beth 'nes i am ddwy flynedd tra o'n i'n blentyn Cyfle.

Os ydych chi'n ddigon craff ry'ch chi'n defnyddio'r amser yma i wylio a gwrando a dysgu. A dyna beth 'nes i.

A hyd yn oed heddiw, bum mlynedd ar hugain ers i mi sefyll ar yr hewl yna wrth ymyl Rhosgadfan, 'wi'n dysgu rhywbeth newydd yn ddyddiol, a haleliwia am hynny. Mae canran uchel o'r swydd yn golygu gwneud heb gwestiynu, ond mae'n bwysig gwahaniaethu rhwng gwrando a chlywed. Weden i bod Donald Trump yn clywed weithie ond dyw e ddim yn gwrando rhyw lawer. Chi'n gweld? Gwahaniaeth mawr.

Roedd bachan ar Cyfle yn gweithio gyda chriw teledu lawr yng Nghaerdydd. Roedd hi'n ddiwrnod uffernol o oer, roedd hi'n bwrw eira ac roedd y criw isie mynd adre ac isie mynd o flaen y tân, ond y dyddie hynny roedd y ffilmio yn parhau nes bod pob dim wedi ei gyflawni neu bod y criw yn marw o hypothermia. Anfonodd y rheolwr cynhyrchu y bachan Cyfle i mewn i'r dre gyfagos i brynu tri deg bag o *chips* gyda'r cyfarwyddyd pendant, os nad oedd e'n gallu ffindo *chips* i ddod â rhywbeth arall. Na'th e fethu ffeindo siop *chips* ar agor ac felly da'th e'n ôl gyda bocs o *satsumas*. Enghraifft berffaith o wrando yn hytrach na chlywed.

Ymlaen felly i'r cynhyrchiad nesaf.

PENNOD 4

TATWS

Roedd gen i un cynhyrchiad dan fy melt, ac ymlaen â fi, felly. Gofynnodd y bobol neis yn Cyfle ble roeddwn i isie cael fy lleoli nesa ac atebes i, 'Caerdydd, os gwelwch yn dda,' a wedon nhw absoliwtli, ond yn gyntaf ma' isie i ti fynd i Rostryfan.

'Nes i checko i weld os oedd Rhostryfan rywle yn ymyl Caerdydd, ond o'dd e ddim. Do'dd dim ots 'da fi achos roeddwn i wedi cael blas ar y byd newydd yma ac roeddwn ar dân isie gweithio ar gynhyrchiad arall. Wedi antur gyfoes *Heb Ei Fai* roedd hon yn mynd i fod yn hollol wahanol. Cyfres ddrama gyfnod oedd hon wedi ei haddasu o'r nofel *Traed Mewn Cyffion* gan y gomedïwraig Kate Roberts.

Ocê, nid hon oedd y stori fwya joli yn y byd, ond roedd pawb yn cadw dweud wrtha i ei bod hi'n un o'r clasuron Cymraeg ac y dyliwn i ddangos 'bach o barch at yr hen Ms Roberts achos taw hi oedd y J. K. Rowling Cymraeg ond gyda mwy o *angst*, a ma' lot o bobol yng Nghymru yn lico *angst* a theimlo'n euog am bob dim, felly roedd hwn bownd o blesio.

> **Mae hon wrth gwrs yn gymhariaeth hurt oherwydd yn 1991 doedd neb wedi clywed am J. K. Rowling. Cyhoeddwyd* Harry Potter and the Philosopher's Stone *– sef llyfr agoriadol cyfres Harri Potter – yn 1997 ond chi'n gwbod be 'wi'n feddwl.*

Beth bynnag fy marn bitw i, yr addasiad yma o nofel Kate Roberts oedd y Gamp Lawn ym myd cynyrchiadau Cymraeg. Crefydd. Tlodi. Rhyfel. Eiddigedd. A mwstashis. Lot o fwstashis.

Roedd hon yn mynd i fod yn *blockbuster* Cymraeg ac roedd y cast yn gweddu i'r fath ddisgwyliadau: Bethan Dwyfor, Bryn Fôn, y boi o *Jabas* a phawb arall oedd ddim yn gweithio mewn theatr mewn addysg ar y pryd, oherwydd ro'dd e'n *cast of thousands.* 'Wi'n meddwl 'sen i wedi troi fyny un diwrnod mewn sgidie clocsio a 'seid byrns' fydden nhw wedi rhoi cwpwl o linellau i fi i ddysgu a gweiddi "*ACTION*".

Rhag ofn bod rhywun mas 'na heb ddarllen y llyfr, roedd e fel *The Little House on the Prairie* ond yn wahanol. Roedd e'n wahanol oherwydd nid oedd unrhyw laffs o gwbwl ond roedd y cliw yn y teitl – Traed Mewn Cyffion o'dd hi wedi'r cyfan – nage Traed mewn Fflip Fflops, fydde wedi rhoi naws fwy *Home and Away* i'r cynhyrchiad.

'Wi'n meddwl mai calon y stori oedd bod bywyd yn gallu bod yn gachu, ond 'sdim byd gallwch chi neud am y peth os odych chi'n byw ganol nunlle yn y gogledd felly tyff, sydd yn wers amserol bwysig i bawb. Roedd y cartref teuluol ar ben mynydd ac roedd cyfleusterau'r criw ar waelod y mynydd, a 'nes i dreulio traean o'n amser yn gyrru bws mini llawn actorion i fyny'r mynydd, traean yn riferso bws mini llawn actorion lawr y mynydd a'r traean arall yn cario fflasgs, gwagáu *portaloos* ac ie, stopio traffig.

Erbyn i ni orffen ffilmio roedd cyhyrau fy ngwddf wedi stretsho gymaint mi faswn i wedi medru bod yn ddybl i'r ferch ar yr *Exorcist*. Ers hynny 'wi'n gallu gwylio teledu dros y ddwy ysgwydd. Ond bois, o'n i'n mwynhau gyrru'r bws mini bach oedd wastad llawn actorion a'u clecs a'u nerfau yn dysgu/ymarfer eu llinellau. Lot o boeni ar y ffordd at y set a gymaint o baranoia ar y ffordd yn ôl. "O'dd e'n ddigon da? O'dd e dros y top?" A finne'n dweud wrthyn nhw eu bod nhw wedi gwneud yn wych, er y gwir oedd bod 'da fi ddim syniad.

Ar ôl wythnosau prysur ar hewlydd *Heb Ei Fai* roeddwn i'n blaguro i fod yn dipyn o 'pro' ar y stopio traffig. Pan oeddech chi'n stopio ceir pobol, roedd yr ymateb yn amrywio. Os oeddech chi yn y gogledd a'r gyrwyr yn siarad Cymraeg roedd gan amla ddiddordeb mawr gyda nhw yn yr hyn oedd yn cael ei ffilmio. Roedden nhw isie gwbod pryd o'dd e ar y teledu ac os oedd Mr Picton a Wali yn ffilmio heddi? Ie, roedd y mwyafrif yn cymryd hi'n gwbwl ganiataol ein bod ni'n ffilmio *C'mon Midffild* ac roedd hynny'n plesio, felly doeddwn i ddim am eu cywiro nhw. Os nad oedden nhw'n siarad Cymraeg roedd y broses dipyn yn fwy cymhleth.

"I'm terribly sorry but would you mind waiting here with me for a few minutes?" meddwn i.

"Why?" medden nhw.

"Wir nawr, I'm very sorry. They're filming just ahead but they won't be lo—"

"What are they filming?"

Dyna pryd roedd y sbort yn cychwyn.

"It's a drama series for S4C. I promise we won't keep you long."

"What's S4C?"

Anadl ddofn.

"It's the Welsh-language Channel 4."

"What's that got to do with me?"

Beth o'n i yn dweud yn fy mhen oedd hyn: "It has everything to do with you because you have tried for generations to kill our language, so the least you can do is sit in your car for thirty seconds and let us salvage what we can and at least try to keep the language alive." Ond wedes i ddim byd achos o'n i ddim isie nhw yrru i ffwrdd.

Ar adegau roedd y gwaith yn uffernol o ddiflas. Ond weithie, jest weithie, roedd pethe neis yn digwydd. Un bore fe ges i'n nanfon i stopio traffig ar hewl gefn rhywle ganol nunlle. Roeddwn i'n gwbod y bydden i yno am y bore cyfan ond roedd yr olygfa mor fendigedig a'r tywydd mor braf do'dd dim ots 'da fi.

Roedd 'na ddwy hewl trac sengl yn ymuno i greu un trac cymharol lydan. 'Nes i weithio mas 'sen i'n gosod fy hun lle roedd y ddau drac yn uno bydden i'n gallu rheoli dau drac ar yr un pryd. 'Wi'n gwbod. *Genius.* Nesaf at un trac roedd bwthyn bach oedd yn stico mas fel dant ganol y tir gwag agored, a gyferbyn â hwnnw roedd twmpath bach. Roeddwn i heb glywed unrhyw smic o "*Action*" neu "Troi drosodd" ond do'n i ddim yn becso achos o'n i wir ddim yn disgwyl lot o draffig. Ar ôl ychydig 'nes i sylwi bod menyw tua wythdeg oed yn edrych draw ata i drwy ffenest y bwthyn. 'Nes i godi, rhag ofn 'mod i'n eistedd ar ei thwmpath hi. O'n i ddim yn siŵr beth i neud ond roeddwn i'n gwbod bod yn rhaid i fi neud rhywbeth, felly 'nes i neud beth 'wi wastad yn neud pan 'wi ddim yn siŵr beth ddylien i neud, sef gwenu. Yr hyn 'wi wedi darganfod yw, os ydych chi'n gwenu ar rywun – 'sdim ots pa mor ddiflas y'n nhw – mae'n go amhosib iddyn nhw beidio gwenu'n ôl. 'Wi wedi arbrofi gyda'r theori hyn amryw o weithie, ac ar wahân i un neu ddau surbwch, mae'r theori wedi bod yn llwyddiannus iawn.

Ond na'th hon ddim gwenu. Caeodd y llenni yn araf bach. Eisteddes i ar y twmpath eto. Agorodd y llenni eto, ac mi godais ar fy nhraed eto. Pam? Fi'n gwbod. Erbyn hyn roedd gŵr oedd oddeutu yr un oedran â'r hen wraig yn sefyll wrth ei hochor hi.

Mi wenais i eto a chaeodd y llenni eto. Ond y tro yma agorodd y drws ffrynt, a cherddodd y fenyw tuag ata i yn araf bach.

"Good morning," medde hi.

"Good morning," medde finne. "Nice weather for sheep."

'Wi'n gweud pethe od pan 'wi'n nerfus.

"You speak Welsh?" gofynnodd hi.

"*Yes.* Odw. Odw glei," medde fi. Roedd y rhyddhad ar ei hwyneb yn amlwg. Roedd clywed ychydig o eiriau Cymraeg gen i yn ddigon iddi benderfynu 'mod i ddim yn llofrudd seicotig. Ac os oeddwn i'n mynd i'w lladd hi a'i chladdu yn yr ardd gefn, o leia roeddwn i'n mynd i neud hynny drwy gyfrwng y Gymraeg. Edrychodd o'i chwmpas.

"Ydach chi'n iawn?"

"Odw, diolch."

Sefodd hi yno yn edrych arna i. 'Nes i wenu eto.

"Yma hefo'r cyngor ydach chi?"

"Naci," medde fi. "Ni'n ffilmio. *Traed Mewn Cyffion.* Kate Roberts."

Edrychodd o'i chwmpas. Roedd un ddafad yn y cae uwch fy mhen. Edrychodd honno o'i chwmpas hefyd. Dychwelodd y fenyw i'r tŷ. O'dd hi naill ai wedi mynd i nôl dryll neu wedi mynd i ffonio'r heddlu, neu'r ddau. Ddylen i ddechre rhedeg? Na, *stick with it,* Rhian, ti'n stopio traffig, cofio? Ymhen ychydig daeth y gŵr a'r wraig allan.

"Bore da," medde fe.

"Odi," medde fi.

"Ydach chi'n iawn?"

"Ydw. Ni'n ffilmio."

'Nes i bwyntio i fyny'r hewl. Edrychon nhw i le 'nes i bwyntio a dychwelyd i'r tŷ. Eisteddes i lawr eto. Ar ôl hanner awr daeth hi allan eto.

"Sut mae'r ffilmio yn mynd?"

"Iawn, diolch," medde fi. O'dd dim cliw 'da fi. Falle bod pawb wedi mynd adre. 'Nes i bwyntio at y *walkie-talkie*.

"Ma' nhw'n siarad gyda fi ar hwn." 'Nes i wenu.

Gwenodd y fenyw yn ôl arna i. Wrth gwrs bo' nhw, cariad.

"Gymrwch chi banad?"

Ife prawf o'dd hwn? Beth oedd yr ateb iawn?

"O ie. Wel, man a man, os gwelwch yn dda, diolch."

"Siwgwr?"

"Na, dim diolch."

Ymhen ychydig 'nes i dderbyn y baned fwya perffeth mewn cwpan tsieina a soser. Awr yn ddiweddarach daeth hi allan eto.

"Sut mae'r ffilmio yn mynd?"

Dal dim cliw.

"Da iawn," medde fi. "Ma' Bryn Fôn i mewn heddi."

"Fasach chi'n licio chydig o datws?"

"Sori, be?" Be ddiawl o'n i'n mynd i neud gyda thatws?

"Tatws. Gymrwch chi datws? Tatws o'r ardd?"

"'Sdim isie chi drafferthu," medde fi, ond roedd y wraig ar ei ffordd yn ôl i'r tŷ. Daeth hi'n ôl gyda phowlen tsieina llawn tatws newydd a menyn cartre yn toddi'n euraid ar eu penne nhw. 'Wi wedi bod mewn rhai o dai bwyta gorau'r byd. Ond does yr un wledd wedi curo blas y tatws y bore hwnnw. Roedd yn wir. Roeddwn i'n gwneud y swydd orau yn y byd.

Tip y bennod: Os y'ch chi'n gwacáu *portaloo* checkwch o ba gyfeiriad mae'r gwynt yn chwythu.

I'VE BEEN TO DÜSSELDORF
BUT I'VE NEVER BEEN TO ME

Wedodd Rod Hull wrtha i yn sinema y Commodore yn Aberystwyth, "Dream big and reach for the sky." Cwmpodd e oddi ar do ychydig flynyddoedd yn ôl yn gwneud hynny yn gwmws – trwsio ei ddesgil lloeren *Sky Dish*, ond 'wi'n gwbod beth oedd e'n ei feddwl.

1993. Y Pet Shop Boys yn rhyddhau eu teyrnged i Gaerfyrddin, 'Go West'. A Meatloaf yn mynnu ei fod e'n barod i neud unrhyw beth am 'bach o gariad… unrhyw beth. Oni bai am hwnna. 'Wi wedi gwrando ar y gân droeon a 'wi dal ddim yn hollol siŵr be nele fe ddim, ond os nad yw fy arwr Meatloaf isie neud e, sai'n meddwl bo' fi isie neud e chwaith.

Gofynnodd y bobol neis yn swyddfa Cyfle lle licien i fynd nesa a wedes i 'Caerdydd', a wedon nhw 'Bendigedig, ti'n mynd i Fachynlleth'. Machynlleth? Edryches i ar 'yn fap unwaith eto.

Wir? Ma' pobol yn ffilmio yn Machynlleth? Ac yn bwysicach 'na hynny, oedd yna ddigon o draffig i fi ei stopio yn Machynlleth?

Ond do'dd dim ots 'da fi go iawn achos roeddwn i'n mynd yno i weithio ar y gyfres… *drum roll* os gwelwch yn dda… *Lleifior*.

Er gwaetha'r awch cynnar i ddarllen, wrth imi dyfu lan 'nes i droi llai at y dudalen a mwy at y sgrin deledu. O'n i ddim yn gweld pwrpas gwneud yr holl ymdrech a defnyddio'r dychymyg wrth ddarllen pan 'na gyd oedd isie neud o'dd troi'r teledu 'mlan ac roedd rhywun wedi neud y gwaith ar eich rhan. Ond yna ces i'r foment fawr pan newidiodd pob dim. A 'wi ddim yn sôn am ddarllen *Fifty Shades of Grey* achos ro'dd hwnnw heb ei gyhoeddi eto. Na, mi ddaeth y dröedigaeth, gyfeillion annwyl, wrth i mi ddarllen *Cysgod y Cryman* gan Islwyn Ffowc Elis.

Ar ôl y busnes gyda'r car a'r festri yng Nghapel Als roeddwn i'n berson *non grata* o gwmpas y tŷ. 'Wi'n meddwl siaradodd Dad gyda Taid, achos y flwyddyn honno ges i gopi o'r Testament Newydd newydd ar fy mhen-blwydd oedd yn wychbeth oherwydd roedd modd tynnu'r clawr papur gwyrdd i ffwrdd o'r llyfr clawr caled oddi tano a *BINGO*, roedd posib rhoi unrhyw lyfr o'n i isie tu fewn iddo fe. Y llyfr cynta 'nes i ddarllen yn y capel, diolch i'r Testament Newydd, oedd *The Lion, The Witch and The Wardrobe*. Da'th *The Thorn Birds* yn go gloi ar ôl gorffen cyfres Narnia a wedyn... *Cysgod y Cryman*, ac roedd hwnnw ganmil yn well na'r *Thorn Birds*. A cyn i chi holi, na 'nes i ddim sôn wrth Eryl am botensial clawr y Testament Newydd newydd.

Roedd *Cysgod y Cryman* yn debyg i'r *Thorn Birds* ond yn well. Lot gwell. 'Nes i syrthio mewn cariad gyda Harri a Karl, er o'n i'n meddwl y galle Karl gael 'bach o asgwrn cefn weithie. Roedd y stori yn epig. Roedd Karl yn Almaenwr ac yn garcharor rhyfel. Syrthiodd Greta mewn cariad gydag e a lot o angst teuluol yn dilyn.

Bwriad y gyfres ddrama *Lleifior* oedd dal i fyny gyda'r Vaughans pan oedden nhw bellach yn eu pumdegau/chwedegau. Roedd pawb wedi heneiddio ond do'dd dim ots 'da fi – roeddwn ar fin cyfarfod Harri Vaughan a Greta!

Ffilmiwyd y gyfres yng nghanolbarth Cymru ac ar Ynys Môn. Sirel Pensaar, dynes anhygoel o Sweden, oedd y Cyfarwyddwr

Cynorthwyol Cyntaf, a Carys Haf oedd yr Ail Gynorthwyydd. Yn ystod fy nghyfnod ar Cyfle mi weithiais gyda rhywrai benderfynodd beidio bod o unrhyw help imi oherwydd roedden nhw'n fy ngweld i fel rhyw fath o fygythiad. Oherwydd hynny, doedd dim diddordeb gyda nhw fy nysgu sut i wneud y swydd yn iawn, ac mi dorrodd hyn fy nghalon achos o'n i ddim isie dwyn jobsys neb ac roedd yna hen ddigon o waith i ni i gyd bryd hynny. Ar y llaw arall, nid yn unig yr oedd Carys (a Helen Wyn wrth gwrs), yn fodlon rhoi o'i hamser a'i phrofiad ond mi wnaeth hi hefyd roi to uwch fy mhen i. Hi hefyd ddysgodd fi ei bod hi'n bosib cael balans rhwng gweithio fel ffŵl dwl ac ar yr un pryd fwynhau pob eiliad o fywyd a deall pa mor freintiedig oedden ni i fod yn rhan o ddiwydiant oedd mor gyffrous. Dylie pawb sydd yn hyfforddi gael rhywun fel Carys Haf yn fentor.

Stori *Lleifior* (wel, gymaint â 'wi'n gofio achos roedd y stori yn gymhleth iawn)

Mae Karl (Noel Williams) a Greta (Maureen Rhys) a'u meibion – a 'wi wedi trial cofio'u henwe nhw ond 'wi wedi methu – ond roedd un ohonyn nhw (yr hyfryd ddiweddar Dafydd Dafis) mewn cadair olwyn ac roedd y llall yn hen fastard bach (Robin Eiddior). Eto, sai'n cofio pam ond roedd Greta wedi darganfod bod triniaeth newydd sbondanllyd ar gael yn yr Almaen lle roedd merch Harri yn byw (Mari Rowland Hughes). Falle taw hi wedodd wrth Greta am y driniaeth. Croeso i chi ebostio fi os y'ch chi'n gwbod beth ddigwyddodd achos fi'n dechre meddwl bo' fi wedi breuddwydio'r holl beth. OND, roedd y driniaeth yn ddrud iawn ac felly roedd Greta am werthu ei rhan hi o stad Lleifior i ddyn busnes drwg lleol (John Ogwen) sydd yn hala Harri (J.O. Roberts) lan y wal, ond doedd Greta ddim yn gwrando achos roedd hi'n mynd i wario'r arian ar y driniaeth yn yr Almaen er mwyn i'w mab fedru cerdded a dawnsio'r Charleston eto. Yn y cyfamser mae gwraig Harri (Elliw Haf. 'Wi'n caru Elliw Haf) yn flin gyda'i gŵr achos ei fod e wedi bod yn whare bant ac yn gwisgo trwser *corduroy* drwy'r amser. 'Wi wir ddim yn cofio mwy o'r stori ond roedd pawb naill ai yn cwmpo mas neu yn snogan neu isie symud neu isie arian neu isie gadael neu yn ymladd neu yn pwyso ar dractors. Y peth 'wi'n cofio fwyaf am y stori oedd Dafydd Emyr yn gwneud golygfeydd heb ei grys ymlaen, ac yn sgil hynny roedd pob dim arall yn wych.

Pan y'ch chi'n siŵr eich bo' chi wedi meddwl am bob dim

Roedd y lleoliad a ddewiswyd fel cartre i Greta a Karl a'r mab yn y gadair olwyn a'r mab stropi yn berffaith – bwthyn bach di-nod, ac roedd y cyfarwyddwr yn hapus ac roedd bob dim yn *hunky dory...* nes i ni ddechre ffilmio ynddo fe. Naill ai roedd fframiau'r drysau yn annaturiol o gul neu roedd y gadair olwyn yn annaturiol o lydan, oherwydd doedd y gadair olwyn ddim yn ffitio drwy fframiau'r drysau. Mi fydde wedi bod yn haws trial cael Mr Blobby drwyddyn nhw. Y tro nesaf neith S4C ddangos y gyfres, ac och, mi newn nhw, mi newch chi sylwi nad oes dim un olygfa a leolwyd yn y bwthyn yn dangos Dafydd yn mynd o un ystafell i'r llall.

Ond un peth gwych am y byd teledu yw bod sawl ffordd o gael Wil i'w wely.

Dyma felly sut nethon nhw ddatrys y broblem.

1. Shot o Dafydd yn y gadair olwyn yn mynd tuag at ddrws y lolfa.
2. Sirel yn gweiddi "*CUT*".
3. Dafydd yn codi o'r gadair.

4. Aelod o'r adran gelf yn plygu'r gadair a'i gwthio yn ofalus at ffrâm y drws ochor yn y lolfa.
5. Dafydd yn eistedd yn y gadair unwaith eto.
6. Sirel yn gweiddi ar bawb i gau eu *chops*. TROI DROSODD. Ac ymlaen â'r olygfa.

Fflipin *genius*.

Rhybudd (18)
Fel *Lady Chatterley's Lover*, mae'r pwt nesaf i bobol dros ddeunaw oed yn unig. A Mam – well i chi gadw draw 'fyd.

Unwaith eto roeddwn i'n gyfrifol am yrru'r actorion o fan i fan. Tra ar leoliad yn y canolbarth roedden ni fel criw yn cael cinio yn nhafarn y Tanners Arms. Un diwrnod arbennig, ar ddiwedd yr awr ginio, fy swyddogaeth i oedd gyrru'r lyshbeth Maureen Rhys yn ôl i'r set.

Mewn da bryd ar ôl i mi orffen fy Lobster Thermadore (pastai a *chips*) es i fyny at Maureen i ofyn a oedd hi'n barod i adael. Roedd hi'n siarad gyda chriw o fois dieithr wrth y bar. Doeddwn i ddim wedi eu gweld nhw o'r blaen ond roedd pawb yn dwlu ar Maureen. Serch hynny roeddwn i am gadw Sirel yn hapus ac roedd hynny'n golygu dychwelyd Maureen i'r set ar amser. Es i draw ati, felly.

"Esgusodwch fi, Maureen. Odych chi'n barod i fynd yn ôl i'r set?"

"Fydda i efo chdi rŵan."

Es i allan ac ishte yn y car tu fas yn barod i fynd. Fel ydw i bod tro – *standing by, relaxed but alert*. Ar ôl ychydig funudau daeth Maureen allan o'r dafarn yn fflwstwr i gyd. Eisteddodd hi yn y car. Roedd Maureen yn joio siarad, felly roedd Maureen dawel yn hala fi i fecso. 'Nes i droi ati.

"Maureen?" medde fi. "Chi'n ocê?"

Gafaelodd yn ei hat. (Mae'n RHAID i chi whilo ar YouTube i weld hat Greta yn *Lleifior*.)

"'Nes i ddeud 'thanciw feri mytsh'."

O'n i ddim yn deall.

"Be? Maureen, beth sy'n bod?"

"Yr hogia wrth y bar."

"Odych chi'n nabod nhw?" medde fi.

"Nadw," medde Maureen. "Ond dwi newydd ddallt be ddudodd un ohonyn nhw wrtha i."

'Nes i gychwyn poethi. Os oedd y bois yna wedi ypseto Maureen bach fi, roeddwn i'n mynd i fynd yn syth yn ôl mewn i'r bar a pynsho o leia un ohonyn nhw. Dau os gelen i gyfle.

"Beth wedon nhw?"

Cymerodd Maureen anadl ddofn.

"Ddaru nhw ddeud, 'with tits like that you should be in bed', a 'nes i ddeud, thanciw feri mytsh…"

Wir nawr. Wedodd Dame Maureen Rhys *'tits'*. A'r hyn oedd yn ei phoeni fwyaf oedd ei bod hi wedi dweud 'diolch yn fawr'.

I ddweud y gwir roedd sawl adeg ar y cynhyrchiad hynod fythgofiadwy yma pan oeddwn i'n teimlo 'mod yng nghanol rhyw ffilm *Carry On*.

Gee Ceffyl Bach

Roedd Harri'n cael amser anodd drwy gydol y gyfres. 'Wi'n meddwl ei fod e'n mynd drwy'r *male menopause*. Rhan bwerus o *Lleifior* oedd Harri'n cofio sut bu ei fab farw yn blentyn ifanc. Cwis bach i chi felly, i neud yn siŵr bod pawb dal yn effro.

Cwestiwn: Yn y gyfres *Lleifior* sut fu farw mab Harri Vaughan?

1. Problem gyda'i galon ers ei eni. Roedd Harri wedi trefnu trawsblaniad ond roedd y driniaeth yn Doha ac yn ddrud iawn ac addawodd Greta werthu dwy aren Karl er mwyn talu am y driniaeth ond daeth y diwedd yn rhy sydyn.

2. Cafodd e ei fwrw lawr gan y *cruise ship* roedd Margaret Williams yn canu arni ar y pryd.

3. Cael ei dramplo i farwolaeth gan ddefaid.

Prynwch ddarn o gaws i chi eich hunan os nethoch chi ddewis ateb 3.

Diwrnod ffilmio'r ddamwain

Roedd hi'n ddiwrnod hyfryd o haf ac roedd y criw yn ddiwyd ym mhen pella iard y ffarm yn paratoi ar gyfer golygfeydd dramatig iawn. Golygfa *flashback* fydde'r rhain. Beth yw *flashback* yn y Gymraeg? Na, na finne chwaith. Pwrpas golygfa *flashback* yw rhoi pwt o'r gorffennol i esbonio pam bod rhywbeth yn digwydd, neu pam bod rhywun yn ymddwyn fel mae e yn y presennol. Er enghraifft, pe bai rhywun yn gofyn i fi pam dwyt ti ddim isie cymryd cyffurie, mi fyddai'n bosib dangos *flashback* o fi'n byta hash yn y bath. Ac os yw'r cynhyrchiad yn defnyddio actor sydd, ahem, ychydig yn hŷn i bortreadu ei hun pan oedd e neu hi lot yn ifancach, ry'ch chi naill ai yn eu gweld nhw allan o ffocws neu o bellter. Weithie mae isie *flashback* achos bod y stori sy'n cael ei hesbonio mor blincin od mae'n rhaid dangos beth sy'n mynd 'mlan neu dych chi ddim yn mynd i gredu fe. A 'wi'n meddwl taw dyna pam cafwyd y ddamwain mewn *flashback* yn *Lleifior*.

Yn y gyfres mae Harri yn hiraethu am y mab a fu farw. 'Wi'n meddwl bod e'n gwneud hyn achos roedd ei feibion ei hun yn ymddwyn fel dau idiot anniolchgar, ac roedd Harri wedi syrffedu bod neb yn ei barchu fe. Roedd Harri yn cofio'n ôl felly at y plentyn euraid. Sai'n cofio enw'r mab. Sai'n cofio lot o'r wythdegau. Ond roedd y crwt oedd yn ei bortreadu yn gyrls i gyd felly 'wi'n mynd i alw fe'n 'Cyrli'.

Roedd lot o feddwl wedi mynd mewn i greu'r darlun arbennig yma o'r gorffennol. Cyn gwneud y ddamwain ei hun roedd gwaith adeiladu tensiwn i'w wneud. Roedd angen i ni ddeall faint oedd Harri yn caru Cyrli a faint oedd Cyrli yn addoli ei dad, ac er mwyn cyfleu hynny roedd angen neud lot fawr iawn iawn iawn o siots. Siots o'r ddau yn edrych at ei gilydd ac yn gwenu ac yn chwerthin. Fuodd tad a mab mwy agos erioed? A 'wi wastad wedi dweud taw'r ffordd orau i glosio yw drwy yrru defaid.

Nawr, fel mae pawb yn gwbod, ar y wyneb mae defaid yn ymddangos yn reit ddiniwed. OND os ydych chi'n berson fel fi sydd yn dychryn yn hawdd, trowch y dudalen nawr oherwydd mae trasiedi enfawr ar fin digwydd.

Wrth yrru'r defaid dros gamfa fechan mae Harri yn gosod Cyrli i eistedd ar ffens gyfagos fel ei fod e mas o ffordd y defaid sydd yn rhuthro, wel, rhyw lusgo eu carnau erbyn hyn oherwydd roedd yn rhaid iddyn nhw fynd dros y gamfa ryw saith deg o weithie. Roedd un neu ddwy ohonyn nhw wedi ffonio eu hasiant. Mwy o wherthin *hee hee hoo hoo* caru ti na fi'n caru ti fwy. Ond yna, mae Cyrli naill ai yn cynhyrfu'n lân neu mae pwff o wynt cryf neu mae pwy bynnag brynodd y ffens o B&Q heb roi hi at ei gilydd yn iawn, oherwydd ma' fe'n syrthio oddi ar y ffens i ganol y defaid sydd, y bastards bach, yn rhuthro (cerdded yn araf bach) drosto fe.

R.I.P. Cyrli.

Ydych chi erioed wedi meddwl am shwt licech chi farw? 'Wi ddim isie cael fy nghladdu yn fyw. 'Wi ddim isie llosgi. 'Wi isie mynd yn dawel iawn yn fy nghwsg ar ôl byta *lasagne*. 'Wi BENDANT ddim isie hanner cant o ddefaid yn rhedeg ffwl pelt drosta i.

Mi gymrodd hi oes pys i saethu'r cyfan. Gredwch chi byth faint o waith sydd yn mynd mewn i bob ffrâm ar sgrin – yr holl onglau camera gwahanol, yr amrywiaeth o siotiau tyn a llydan er mwyn creu'r ddrama eithaf. Oriau o waith er mwyn creu eiliadau ar y sgrin ond pan mae'n gweithio yn berffeth mae e werth pob eiliad. A fi isie i chi feddwl am hynny y tro nesaf ewch chi i'r tŷ bach cyn y toriad yn y rhaglen.

Gwnaethpwyd y siots o Harri a Cyrli. Siot dynn o Harri. Siot dynn o Cyrli. Siot o Cyrli yn syrthio oddi ar y ffens heb y defaid oddi tano fe. Siot o Cyrli wedi i'r defaid hen ddiflannu yn gorwedd yn gelain ar y llawr. Unwaith roedd y cyfarwyddwr yn hapus gyda pherfformiad Cyrli ga'th e fynd adre a galwyd ar aelod o'r adran gelf i ddod â'r dymi/dybl i'r set. Roedd angen gwneud siots o'r defaid yn rhedeg yn ffrantig dros Cyrli ac felly roedd angen dymi oedd yn edrych yn gwmws yr un fath ag e. Rhoddwyd dillad Cyrli ar y dymi yn ddiffwdan. Y peth yw, roedd un broblem a honno yn un amlwg. Roedd y Cyrli newydd ddim yn... gyrli. O'dd mwy o wallt 'da Telly Savalas. 'Nes i glywed rhywun yn gofyn lle roedd y wig a phawb yn edrych at ei gilydd. Wig? Oedd rhywun wedi prynu wig? Eh?

Wel, a'th y cyfarwyddwr yn *ballistic*. Ma'n gas 'da fi fod o gwmpas pobol sydd yn gweiddi a bod yn flin felly 'nes i benderfynu gadael 'wig-gêt' a mynd draw i'r tŷ ffarm oedd ben pella'r iard i ddweud helô shw'mae wrth y ffarmwr a'i wraig. (Odi hwnna yn secsist bellach? Gweud 'ffarmwr a'i wraig'? Trafodwch.)

Roeddwn i heb orffen Cyfle eto ond roeddwn i wedi dysgu nad oedd yn beth call i botshan ym mhethe nad oedd yn fusnes i chi.

Wrth gerdded ar draws yr iard tuag at y tŷ ffarm 'nes i sylwi ar geffyl hyfryd ar ben ei hunan yn y cae oedd ar fy ochor chwith. 'Wi wastad yn sylwi ar geffyle achos wedodd Tad-cu wrth Mam a wedodd Mam wrtha i y dylech chi byth droi eich cefn ar geffyl, achos dych chi byth yn gwbod be newn nhw nesa. Sai'n dda yn cofio ffeithie am anifeiliaid ac mae'n bosib wedodd e bo' chi byth fod troi eich cefn ar gathod achos chi byth yn gwbod be newn nhw nesa, ac ma' hynna'n neud synnwyr 'fyd. Un o'r ddau, ond sai'n cofio, felly 'na i byth droi fy nghefn ar geffyl na chath, rhag ofn.

'Nes i hefyd sylwi bod un o aelodau'r adran gelf yn rhedeg o gyfeiriad y criw tuag at y ceffyl. Meddylies i falle bod hithe ddim yn hoffi clywed pobol yn cwmpo mas chwaith. 'Nes i ystyried ei rhybuddio hi i beidio troi ei chefn ar y ceffyl, ond roedd golwg eitha hyderus arni felly mi gaues fy mhen.

Mewn â fi i'r tŷ ffarm 'te. Un o'r pethe gorau am ffilmio yw'r bobol chi'n cyfarfod. Ma' nhw'n gadael chi mewn i'w cartrefi nhw neu i ffilmio ar eu tir nhw a'r peth lleia chi'n gallu neud yw bod yn gwrtais ac yn barchus tuag atyn nhw. Pan oeddwn i'n ffilmio *Heb Ei Fai* mi fyddwn i'n treulio amser maith gyda'r hen ffarmwr druan oedd yn byw yn un o'r prif leoliadau. 'Nes i gnoco ar ddrws cegin y ffarm a fan'na fues i am ryw chwarter awr yn trafod hyn a'r llall a pha mor dda oedd bob dim yn mynd.

Ar ôl gorffen fy mhaned 'nes i benderfynu mynd 'nôl i'r set i weld shwt o'dd pawb ac os oedd ffisticyffs wedi bod eto. Wrth groesi'r iard edryches i fyny at y ceffyl eto, ond roedd rhywbeth yn wahanol amdano fe. A wedyn gliciodd e. Roedd hanner ei gwt ar goll. Wrth ymyl y set roedd y ddynes adran gelf yn defnyddio tâp selo i stico cynffon y ceffyl i ben moel y dymi. Weles i byth

mohoni ar unrhyw set deledu eto, ond mi ddysges yn y fan a'r lle
– oes, mae 'na ateb i bob problem, ond weithie…

Vorsprung Durch Technik

Un o'r pethe gwych am *Lleifior* oedd cael y cyfle i ffilmio tu fas i
Gymru. Deuddydd yn Lerpwl a wedyn… i ffwrdd â ni i'r Almaen.
Ac ry'n ni gyd yn gwbod bellach pam bod Greta wedi teithio
yno. Roedd y mwyafrif o'r golygfeydd gyda Maureen Rhys, Mari
Rowland Hughes, Dafydd a chadair olwyn cymeriad Dafydd.
Eto, dyw'r stori ddim yn glir yn fy mhen ond am ryw reswm tra
ei bod hi yn yr Almaen mae Greta yn cael wobli ac yn mynd ar
goll. Roedd eitha tipyn o'r hyn roedd angen ei wneud yn golygu
ffilmio Greta/Maureen yn cerdded strydoedd yr Almaen. Ac ar
un o'r dyddie roedden ni'n ffilmio tu fas i orsaf drenau Cologne.
Roedd Carys, yr 2il Gynorthwyydd Cyfarwyddo ac fy arwr i,
rywsut wedi cael ei chnoi ar ei choes gan gorryn. O'n i'n meddwl
bod corynnod yn trigo mewn llefydd fel Caracas a'r Amazon, nid
ganol metropolis yn yr Almaen, ond 'na fe, chi'n dysgu rhywbeth
newydd bob dydd.

Roedd Carys druan mewn lot o boen a oedd yn uffernol iddi hi
ac roeddwn i'n llawn cydymdeimlad, ond roedd yn golygu y bydden
i'n gallu gwneud mwy o waith gyda Sirel ar leoliad. Ar yr achlysur
yma roedd y camera wedi ei osod yn wynebu'r orsaf drenau ac mi
fydde Maureen/Greta yn cerdded heibio'r camera tuag at yr orsaf.
Mi wnaethon ni gan mil a hanner o siots o Maureen/Greta yn
cerdded strydoedd yr Almaen. 'Wi'n meddwl bod y cyfarwyddwr,
sef y cynhyrchydd hefyd, isie profi i S4C ein bod ni wedi bod yn
yr Almaen go iawn a heb saethu bob dim ym Mhen-y-groes. Y
broblem oedd bod criwiau teledu yn dueddol o dynnu sylw pobol.
'Wi yr un peth. Os 'wi'n gweld criw teledu 'wi isie gwbod beth ma'

nhw'n ffilmio ac odi Benedict Cumberbatch rownd rhyw gornel rywle yn cuddio oddi wrtha i. Mae'n ymateb greddfol.

Ar yr achlysur yma roedd pobol yn edrych at y camera ac roedd hyn yn achosi lot o drafferthion i'r dyn camera a oedd yn cael strop.

Daeth Sirel i fyny ata i.

"Rhian?"

"Yes, Sirel?"

"I need you to tell people not to look at the camera."

"Okay. Where?"

Mi bwyntiodd at ffrynt yr orsaf.

"Over there."

"No probs."

"Thank you. We're losing light so we will turnover straight away."

Roedd llwyddiant y siot yma yn hollol ddibynnol arna i yn gwneud beth oedd Sirel isie i fi neud, ac os oedd Sirel yn hapus, mi fyddwn inne yn hapus.

"Yes, good," medde fi. Draw â fi 'te i ffrynt yr orsaf.

Ond dal sownd, roedd problem. Fe godes i'r *walkie-talkie* at fy ngheg.

"Sirel. Rhian here."

"We're about to turnover, Rhian."

"Yes, I'm sorry, but what is 'don't look at the camera' in German?"

O'dd tawelwch am funud fach.

"Make it up."

Dechreues i neud rhyw stumie mawr oedd o bosib yn tynnu mwy o sylw. Diolch byth 'mod i wedi gwylio digon o *Give Us A Clue* pan oeddwn i'n blentyn.

Ond wedyn 'nes i feddwl am broblem arall. 'Nôl at y *walkie-talkie*, felly.

"Sirel..."

Tawelwch.

"Sirel, it's Rhian here."

"Yes, Rhian."

"If I can see the camera, does that mean that the camera can see me?"

Ges i ddim ateb call. Fan'na 'nes i ddysgu pan ma' pobol yn *stressed* iawn, gwell pido gofyn gormod o gwestiyne.

"Ciw Greta."

Roedden ni wedi teithio o Cologne i Düsseldorf. Taith o ryw awr ond do'dd dim ots oherwydd o'n i heb fod yn Düsseldorf o'r blaen. Dewiswyd lleoliad yng nghanol ardal siopa'r ddinas ac roedd y strydoedd yn brysur. Diolch i'r drefn felly nad oedd hi'n olygfa gymhleth. Greta yn cerdded i lawr y stryd tuag at y camera a heibio iddo. Arhosodd Sirel gyda'r dyn camera a'r cyfarwyddwr a'r criw, tra oeddwn inne'n glynu at Maureen ryw ganllath oddi wrthyn nhw. Fy swyddogaeth i oedd gneud yn siŵr fod Maureen yn iawn a'i bod hi'n gwbod yn gwmws beth oedd yn mynd ymlaen.

Ar ôl lot o ffaffan (ac mae lot o ffaff ar set deledu a ffilm), esboniodd Sirel ar y *walkie-talkie* beth oedd yn mynd i ddigwydd.

"I just need Maureen to walk towards the crew and past the camera."

"Maureen, fydde'n bosib i chi gerdded tuag at y criw a heibio'r camera?"

Trodd Maureen ata i.

"Pam dwi yma?"

'Nes i feddwl am 'bach. Roeddwn i'n ymwybodol 'mod i'n gofyn lot o gwestiyne i Sirel ac roedd ei hwyneb hi'n mynd yn goch iawn pan o'dd hi'n stresan ac ar ôl y ffaff roedd ei hwyneb hi'n goch iawn iawn iawn. Ond y gwir oedd bod Maureen yn amlwg yn chwilio am gyfarwyddyd ac nid fi oedd y person gorau i roi ateb call iddi. Un peth amdani felly. *Walkie-talkie.*

"Sirel? It's Rhian."

"Yes, Rhian?"

"Maureen wants to know why she's here."

Saib.

"Just tell her to walk straight towards camera and pass me, please," medde Sirel.

'Nes i droi at Maureen.

"Odych chi'n gallu gweld le mae Sirel a'r camera?" medde fi.

O'dd Maureen siŵr o fod ddim yn deall pam o'n i'n cyfieithu o'r Saesneg i'r Gymraeg iddi.

"Ydw."

"Jest cerddwch ati," medde fi.

"Ond pam ydw i yma?" medde Maureen, am yr eildro.

"Sirel, it's Rhian."

"Yes, Rhian?"

"Maureen still wants to know what she's doing here?"

Erbyn hyn roeddwn yn cadw llygad barcud ar Sirel. Trodd Sirel at ei sgript. Ymunodd y fenyw sgript a'r cyfarwyddwr ac ymhen dim roedd hydl go iawn o bobol yn edrych ar eu sgriptie nhw eu hunen a sgriptie pobol eraill. 'Nes i wylio Sirel yn codi'r *walkie-talkie* at ei cheg. 'Wi'n meddwl 'nes i ei gweld hi'n rhegi 'fyd.

"She is here to see if she can get treatment for her son so he can walk again."

"Maureen, chi yma achos chi isie cael triniaeth i'ch mab er mwyn iddo fedru cerdded eto."

O'n i'n gallu gweld bod Maureen yn dechre mynd bach yn grac.

"Ia, dwi'n DALLT hynny, dydw, ond pam dwi yma? Yn Düsseldorf?"

"Sirel, she understands that, but why is she here in Düsseldorf?"

Erbyn hyn roeddwn i'n teimlo fel y Cenhedloedd Unedig.

O'n i'n gallu gweld Sirel a phawb arall o ble o'n i'n sefyll. O'n i'n gallu ei gweld hi'n bygwth hed-bytio'r *walkie-talkie*. O'n i'n gallu ei gweld hi'n ochneidio. 'Nes i wylio hi'n edrych ar ei sgript eto. 'Nes i weld hi'n trafod gyda'r cyfarwyddwr eto.

"Rhian?"

"Yes, Sirel?"

"We're supposed to be in Cologne."

A 'nôl â ni ar y bws. Trueni. O'n i'n eitha lico Düsseldorf.

Yn y pen draw, realiti'r sefyllfa oedd i *Lleifior* droi mas i fod yn rhyw gymysgedd o *Dallas* ac *Eldorado* gyda chwpwl o acenion wes-wes doji, ond roedd J. O. Roberts yn fonheddwr, Elliw Haf yn hyfryd a Maureen yn eicon, mi 'nes i gyfarfod Carys Haf ac roedd yn gyfle i fod yn rhan o *blockbuster* Cymraeg.

Yn ystod y ddwy flynedd ar Cyfle 'nes i gydweithio gyda Caryl Parry Jones ar *Hapus Dyrfa* – fi – yn cyfarfod y llais tu ôl i 'Pan Ddaw Yfory'. Ac efallai yn bwysicach fyth, ges i weithio gyda'r cyfarwyddwr Delwyn Siôn na'th sgrifennu'r clasur Cwm Rhyd y Chwadods. 'Nes i ryfeddu at dalent ac amseru Mei Jones (Wali) a John Pierce Jones (Mr Picton) ar *C'mon Midffîld* ac mi fues i'n ddigon ffodus i wylio'r actor bendigedig William Tomos wrth ei waith ar set *Mwy Na Phapur Newydd*. Cyfres oedd hon am griw o bobol oedd yn gweithio ar bapur newydd lleol, yn dilyn straeon penodol ond ar yr un pryd yn rhoi sylw i'w bywydau personol. Roedd yn enghraifft wych o S4C yn arwain y gad yn hytrach na dilyn bob dim roedd sianeli Lloegr yn neud. Ac i bawb oedd yn gysylltiedig gyda'r cyfresi yma rwyf am ymddiheuro am fod yn gymaint o *jinx*. Droiodd hi allan fod pob cyfres 'nes i weithio arni yn gyfres olaf. Falle bod e'n beth da felly bod fy nghyfnod yn Cyfle yn dod i ben…

PENNOD 6

RHIAN 'JENNY OGWEN' WILLIAMS

Wedodd Desmond Tutu wrtha i unwaith wrth y cownter *sushi* yn Waitrose: *"Gryp de diag,"* sef *Carpe Diem* yn Afrikaans. Ta-ta Cyfle felly, a shw'mae, fyd mawr hyll.

Ffindo Gwaith

Mae gweithio yn y maes teledu a ffilm yn wahanol i swyddi cyffredin. Oni bai eich bod chi'n chwilio am swydd tu ôl i ddesg, dydych chi ddim yn mynd i weld swyddi Ail Gynorthwyydd Cyfarwyddo neu Gyfarwyddwr Cynorthwyol Cyntaf yn cael eu hysbysebu yn y papur newydd. Mae'r swydd fel arfer yn ffindo chi. Ry'ch chi'n hollol ddibynnol bod rhywun rhywle yn cofio amdanoch chi, ddim yn meddwl eich bod chi'n *yonk* anghymwys ac yn meddwl y bydde'r cynhyrchiad yn elwa o'ch cyfraniad chi.

Ar ôl cyfnod o ystyried fy nghryfderau a fy ngwendidau, asesu beth fydde fy swydd ddelfrydol a beth fydde'n cynnig yr her fwya i fi'n bersonol, 'nes i benderfynu *sod it*, mi 'na i ganolbwyntio ar fy ngwendidau. Do, ganodd y ffôn; do, ges i gynnig swydd a do, wedes i "iawn". Y gamp fwya am hyn i gyd oedd imi lwyddo i ddod ar draws un o'r swyddi prin hynny yn y diwydiant ffilm a theledu yng Nghymru o'dd ddim byd i neud gyda'r ddwy flynedd o hyfforddiant o'n i newydd neud ar Cyfle.

Oni bai eich bod wedi sgipo'r penodau agoriadol, mi fyddwch chi'n deall bo' fi ddim yn berson crefyddol. Os oes Duw i gael 'wi'n siŵr bod 'da fe gymaint o ddiddordeb ynddo i ag sydd 'da fi ynddo fe. Ry'ch chi hefyd yn gwbod am fy mherthynas stormus gyda phethe cerddorol. Beth oedd fy mhenderfyniad i felly? Derbyn swydd fel ymchwilydd ar y gyfres *Dechrau Canu Dechrau Canmol*. Crefydd a cherdd. Dau am bris un.

Tic mawr.

Roedd Mam a Dad yn browd iawn ond sai'n meddwl o'n nhw chwaith yn deall shwt ges i'r swydd. Man a man bo' fi wedi gweud bo' fi'n mynd i weithio yn Longleat yn hyfforddi *meerkats* shwt i whare ping-pong. Ond wedon nhw "llongyfarchiadau", mynd â fi i siopa i Marks and Spencers i brynu dillad oedd yn mynd i neud i fi edrych fel 'sen i'n gwbod beth o'n i'n neud, llond whilber o bants rhag ofn bo' fi yn cael 'yn fwrw lawr ar strydoedd peryglus Caerdydd a gorfod cael fy nghludo i'r ysbyty agosa, ac i ffwrdd â fi i'r ddinas fawr... wel, dinas fechan bryd hynny, ond roedd hi'n fwy na Chaerfyrddin.

'Wi'n deall 'sdim isie i chi fod yn grefyddol a hoffi emynau i weithio ar y rhaglen eiconig hon – 'sdim rhaid i chi hoffi tennis i weithio gyda'r BBC yn Wimbledon – ond bydde fe wedi helpu.

Os o's rhywun yn darllen hwn sydd wedi bod mewn coma am hanner can mlynedd, bwriad *Dechrau Canu Dechrau Canmol*, neu DC2 fel roedden ni gyfryngis trendi yn cyfeirio ato fe, oedd mynd rownd capeli ein gwlad a rhoi'r cyfle i gynulleidfaoedd ledled Cymru wisgo eu dillad gorau, rhoi'r argraff eu bod nhw'n mynd i'r capel bob dydd Sul, a bod ar y teledu. Os oedd *Dechrau Canu Dechrau Canmol* yn dod i'r ardal, *look out*.

Darlledwyd y rhaglen gyntaf o Dechrau Canu Dechrau Canmol *o gapel y Triniti Abertawe, a'r cyflwynydd cyntaf yn 1961 oedd y Parchedig Morgan Mainwaring sydd yn enw a hanner, a'r rhaglen grefyddol yma oedd ysbrydoliaeth creu'r gyfres* Songs of Praise. *'Chwel, o'ch chi'n meddwl mai'r ffordd arall rownd fydde hi ac mai ni sydd yn eu dilyn nhw. Ond na. Ni oedd gynta, felly hwpwch hwnna lan eich 'Abide with me'.*

Os oeddech chi'n 'rhywun' roeddech chi yno. Pan oedd y gyfres yn ei hanterth roedd hi'n cael ei chynhyrchu gan BBC Cymru ac roedd rhywun wedi gweithio mas y system yn berffaith. Ar y dydd Sadwrn bydde'r criw ffilmio yn recordio gêm rygbi a wedyn yn ffilmio *Dechrau Canu* mewn capel cyfagos ar y dydd Sul, ac felly yn cyfro dwy brif grefydd Cymru. Ond erbyn i fi ymuno, cwmni cynhyrchu annibynnol oedd yn gyfrifol am y gyfres ac roedd yr hen drefn wedi mynd, ac o'r herwydd roedden nhw'n gadael i bobol ddi-glem fel fi weithio arni hi.

Pan oedd pobol yn gofyn i fi beth oedd fy swydd i o'n i ddim yn gwbod beth i weud. O'n i 'bach fel Pedr gafodd ei holi a oedd e'n nabod Crist, a wedodd e "na" dair Gwaith, ac fe wadodd e gyment o weithie wedodd Mair Magdalen wrtho fe, "Ow. Stopa gweud bo' ti ddim yn nabod e." (A 'wi'n gobeithio eich bod chi'n gwerthfawrogi'r gymhariaeth feiblaidd yna.) Felly 'nes i ddechre neud jobsys lan. Wedes i wrth un boi 'mod i'n *lumberjack* oedd yn dringo polion i BT. Fe wedes i wrth rywrai eraill 'mod i'n nyrs oedd yn arbenigo mewn trin clefyd y siwgr ond bod hi'n rhy beryglus i arbrofi ar bobol felly ro'n i'n rhoi chwystrelliad i *satsumas* yn hytrach na phobol go iawn oherwydd bod croen *satsuma* yn debyg iawn i groen pobol.

O'n i allan un noswaith ac roedd y boi GORJYS hyn yn dangos diddordeb yndda i – FI! – roedd e fel Blue Eyes ond yn dalach a llygaid brown a dim hash. 'Wi wastad wedi synnu pan ma' dynion yn dangos diddordeb yndda i ac roedd hwn yn *stonker*. Roedd e'n edrych fel Richard Gere, hynny yw Richard Gere yn yr wythdegau, nid fel ma' fe'n dishgwl nawr. Roedd e'n dipyn yn hŷn na fi ond roedd e'n ddoniol ac yn soffistigedig ac felly pan ofynnodd e beth o'n i'n neud o'n i ddim isie gweud wrtho fe 'mod i'n ymchwilydd ar raglen grefyddol – o'dd hwnna ddim yn cŵl. Felly wedes i wrtho fe 'mod i'n *paleontologist*. Gofynnodd e i fi beth o'dd *paleontologist* a gofynnes i iddo fe a o'dd e wedi gweld *Jurassic Park* a wedodd e "do", a wedes i mai dyna beth oedd cymeriad Laura Dern yn neud. Roeddwn i'n astudio esgyrn deinosors.

*OS GWEDWCH CHI RYWBETH GYDA DIGON O HYDER NEWN NHW GREDU CHI. Roeddwn i ar fy ngwylie yn Thailand gydag Eryl y chwaer, Simon y brawd yng nghyfraith a fy nghyfaill annwyl Pauline. Y flwyddyn oedd 2008. Roedd amseru'r gwyliau yn anffodus oherwydd roedd Cymru yn neud yn fflipin wych ym Mhencampwriaeth y Pum Gwlad, ac mi fydden nhw'n chwarae Ffrainc yn Stadiwm y Mileniwm am y Gamp Lawn tra ein bod ni ar ein gwylie. Ar ôl chwilio a chwilio, llwyddwyd i ddod o hyd i far fydde'n dangos y gêm. Roedd y gêm ei hun yn dechrau tua hanner wedi dau y bore yn lleol. Y bore hwnnw 'nes i dderbyn tecst oddi wrth un o'n ffrindie i yn holi lle oeddwn i'n mynd i wylio'r gêm yng Nghaerdydd? 'Nes i esbonio 'mod i'n Thailand a'n bod ni wedi gwylio'r gêm yn barod achos roedden ni saith awr ar y blaen i Gymru, a do'dd dim isie iddi fod yn nerfus achos enillodd Cymru.

Ges i tecst 'nôl. "Briliant. Diolch am adael i fi wbod."

Ta beth, 'nôl at Rhian y *paleontologist*. Cyn i chi allu dweud *triceratops* roedd Mr Gorjys a fi'n ôl yn fy stafell wely yn Stryd Morgannwg lle roeddwn i'n rhentu ar y pryd. Es i i'r tŷ bach yn teimlo ychydig o euogrwydd am ddweud y fath gelwydd ond dim digon i ddweud y gwir wrtho fe. Beth alle fynd o'i le? Do'dd e ddim fel 'sen i'n mynd i'w weld e byth eto, yn na fydde? Pan es i'n ôl mewn i'r stafell wely fan'na oedd e yn darllen taflen *Dechrau Canu Dechrau Canmol* Capel y Tymbl. 'Nes i drial ymddwyn llawn syrpréis. Gofynnes i iddo fe le ffindodd e'r daflen ac fe bwyntiodd e at y dau gant a hanner o gopïau oedd yn pwyso yn erbyn y seidbord. 'Nes i ddarogan un peth yn reit. Weles i mohono fe 'to. A na, sai wedi deud celwydd am be 'wi'n neud ers y noson honno. Wir.

'Wi wastad wedi meddwl ei bod hi'n bwysig dysgu rhywbeth newydd ar bob cynhyrchiad, a'r peth pwysicaf 'nes i ddysgu wrth weithio ar *Dechrau Canu Dechrau Canmol* oedd nad oeddwn i'n siwto'r jobyn o gwbwl. Yr ail beth 'nes i ddysgu oedd… ac os oes unrhyw un mas 'na yn dechrau ar yrfa, mae'r hyn rwyf ar fin ei ddatgelu yn hollol bwysig: os yw'r bòs yn dweud wrthoch chi, "Ni'n hyblyg o ran oriau Gwaith. Dim ond bo' ti yn neud dy waith 'sdim isie cadw at oriau ffurfiol a bod tu ôl dy ddesg bob dydd am hanner awr wedi naw," peidiwch credu nhw, 'dyn nhw ddim yn ei feddwl e. O, nag'yn.

Y dyddiad: 17eg o Dachwedd 1993. Roeddwn i wedi llwyddo i gael lle i fyw gyda chriw o ferched gwych yn Nhreganna. Roeddwn MOR lwcus i rannu cartref gyda Wendy, Catrin a Mari. Nhw gyflwynodd y ddinas imi. Nhw oedd y rheswm 'nes i syrthio mewn cariad gyda Chaerdydd ac mi fydda i wastad yn ddiolchgar iddyn nhw am ddishgwl ar fy ôl i.

Ta beth, roedd Catrin yn caru ei phêl-droed ac mae hi'n dal i wneud. Roeddwn i, fel chi'n gwbod, yn ferch oedd yn hoffi peli siap wy a heb fod i gêm ffwtbol erioed. Roeddwn i'n meddwl mai boi gwerthu cyffuriau oedd Gary Speed. Ond roedd pawb yn mynd 'mlan a 'mlan bod y gêm ryngwladol nesaf yn gêm enfawr. Cymru yn erbyn Rwmania, ac os oedd Cymru'n ennill mi fydden ni'n mynd (sylwch ar y 'ni') i Gwpan y Byd, a sai'n berson sy'n hoffi colli mas, felly mi 'nes i fy ngwaith cartref, dysgu geirie 'I love you baby', sef anthem answyddogol tîm pêl-droed Cymru, ac i ffwrdd â ni i'r gêm. Roeddwn i'n gweithio y diwrnod wedyn ond roedd hwn yn ôl pob sôn yn achlysur hanesyddol ac roedd y bòs wedi dweud nad oedd angen i fi fod tu ôl 'y nesg am hanner awr wedi naw bob dydd, dim ond bod y gwaith yn cael ei neud.

I ffwrdd â ni i'r gêm. A do, fe gollon ni o ddwy gôl i un ac roedd pawb yn siomedig ond ges i noson dda iawn iawn (iawn), a 'nes i joio gymaint 'nes i anghofio'r sgôr ac anghofio am *Dechrau Canu Dechrau* blincin *Canmol*.

Y bore wedyn roeddwn i'n teimlo braidd yn fregus. Rhywsut roedd cefn y crys gwyn wisges i y noson gynt yn gymysgwch o gwrw a llwch ffags. O'n i ddim yn deall. Es i lawr y grisiau a dangos y dystiolaeth i Wendy. O'n i heb gwmpo drosodd. Faint bynnag 'wi'n yfed 'wi fel arfer yn aros yn hollol *compus mentis*. Wedodd Wendy wrtha i i beidio poeni achos roedd hi wedi cyrraedd adre o glwb nos Kiwis gydag ôl esgid ar ei chefn. Weithie ma' rhaid derbyn bod yr anesboniadwy yn… wel, yn anesboniadwy.

I ffwrdd â fi i'r swyddfa. O'dd hi siŵr o fod rhyw ugain munud i ddeg, ond do'dd dim ots achos wedodd y bòs bod dim ishe… wel, chi'n gwbod beth wedodd e. Roedd tu fewn fy ngheg i fel gwaelod fflip fflop ond o'n i ddim isie i neb feddwl bo' fi'n diodde felly 'nes i gamu mewn yn reit joli, cyfarch pawb gyda "Bore da, pwy sydd isie paned?", a mewn â fi i'r gegin fach i roi'r tegell ymlaen.

Beth ddysges i y bore hwnnw oedd – pan wedodd e bod e'n hyblyg o ran oriau gwaith beth oedd e'n ei feddwl oedd bod e ddim yn hyblyg o ran gwaith. Ges i'n anfon i'r stafell olygu – stafell dywyll, boeth, er mwyn teipio geirie emyne mewn i waelod y sgrin – Dechrau Canu Dechre Carioci. Deugain o emynau. O'n i wir yn meddwl bo' fi'n mynd i farw. Galla i ddweud wrthoch chi nawr yn hollol ddiflewyn-ar-dafod mai hwnna yw'r diwrnod dwetha i fi ERIOED gyrraedd y gwaith yn hwyr.

New York, New York
Roedd tîm *Dechrau Canu Dechrau Canmol* yn mynd allan i'r Unol Daleithiau i ffilmio yng Nghymanfa Ganu Gogledd America, ac achos bod fy nhad yn asiant teithio gofynnes i i'r bòs a licen nhw i Dad drefnu'r joli… sori, trip gwaith, ar eu rhan nhw. Derbyniwyd y cynnig, a threfnodd fy nhad bod criw o chwech o bobol, gan gynnwys Euryn Ogwen Williams a Jenny Ogwen, yn mynd allan i Wilkes Barre ger Efrog Newydd am bum niwrnod. Euryn oedd yn gyfrifol am gynhyrchu DVD ar gyfer y bobol oedd yn mynychu'r gymanfa, a Jenny oedd i'w gyflwyno. Ychydig ddyddie cyn eu bod nhw am deithio daeth Euryn ata i.

"Elli di gael gair bach gyda dy dad?"

"Pam?" medde fi. "'Sdim byd yn bod, o's e?"

"Dydi Jenny druan ddim yn medru teithio i Efrog Newydd."

"Trueni," medde fi, ac o'n i yn ei feddwl e 'fyd. O'n i'n lico Jenny.

"Fedri di ffeindio allan be 'di'r sefyllfa o ran ei thocyn hi?"

'Nes i ffonio Dad ac esboniodd e bod prisau'r tocynnau yn rhad achos nad oedd modd eu newid nhw ac ni fyddai'n bosib cael arian yn ôl am y tocyn. O'dd dim byd o'dd neb yn gallu neud oni bai bod menyw arall gyda'r cyfenw Williams yn defnyddio'r tocyn a mynd yn ei lle hi a chymryd y risg.

Nawr, cyn i rai ohonoch chi sgrechen – 'Os o'dd Rhian yn malu cachu o'r blaen mae hi'n bendant yn malu cachu nawr' – yr adeg hynny roedd yr hen fyd 'ma yn lle hollol wahanol. Roedd e'n fyd mwy diniwed, rywsut. Roedd teithio o gwmpas y byd yn llai peryg. Prif broblem y bobol ddiogelwch yn y meysydd awyr oedd cadw cownt ar faint o Toblerones a ffags roedd pobol yn brynu.

'Nes i esbonio'r sefyllfa wrth Euryn a chyn i fi fedru dweud "Rhian, gelli di gael dy arestio am hyn a threulio gweddill dy fywyd mewn cell fechan naill ai yn y wlad hon neu yn yr Unol Daleithiau," roeddwn i'n teithio i Heathrow gydag Euryn a gweddill y criw. A dim Jenny. O'n i wastad wedi isie bod yn Jaime Sommers y *Bionic Woman*. Neu yn un o *Charlie's Angels*. Ond Jenny Ogwen? Wel, pam lai.

Roedd y nerfau'n cynnal yn rhyfeddol nes i ni gyrraedd Heathrow. A wedyn dechreuodd y crynu a'r chwysu, ac yn sydyn reit yr unig beth o'n i isie neud oedd mynd adre cyn iddyn nhw ddala fi a hala fi i Guantanamo Bay – oedd ddim yn bodoli adeg hynny, wrth gwrs; fe'i hagorwyd yn y flwyddyn 2002 gan George Bush fel rhan o'i frwydr yn erbyn terfysgaeth, ond petai e wedi bod ar agor mi fydden i wedi bod ofn cael fy nghloi i fyny yno. Er, 'wi'n meddwl y bydden i wedi ymdopi yn olreit yno achos ma' fe siŵr o fod fel Glanllyn ond yn gynhesach.

Arafodd amser, rywsut. Roedd pawb yn rhyw botshan a whilo am rywle i ishte. Pam bod rhaid i bob dim gymryd mor hir? A wedyn y ciwio i roi eich cesys ar yr awyren. Hwnna oedd y tro cyntaf imi fod ddim isie gweld ciw o bobol yn lleihau. *Yr unig bryd 'wi wedi teimlo fel 'na ers hynny oedd pan es i i'r sinema i weld* Guardians of the Galaxy *a 'nes i gnoi lawr ar ddarn o bopcorn* oedd heb bopan a gwthiodd hwnnw ddant mewn i'n sinuses i a bu'n rhaid imi fynd i'r ysbyty dannedd i gael triniaeth. Roedd y stafell aros... wel, sai erioed wedi gweld gyment o bobol mewn gyment o boen yn dod allan o'r ystafell driniaeth a finne'n gwbod yn iawn mai fy nhro i fydde fe unrhyw eiliad a gwbod bod yr erchylltra o fy mlaen yn anochel.

A oedd *Traed Mewn Cyffion* Kate Roberts ar fin profi'n eironig?

'Wi'n meddwl welodd Euryn y chwys yn diferu lawr dros fy nghardigan Laura Ashley newydd oherwydd gafaelodd e yn fy nhocyn... wel tocyn Jenny, a fy mhasbort a roiodd e'r ddau yn ei basbort e. Yn sydyn reit roedd y ddau ohonon ni o flaen desg cwmni Virgin. 'Wi'n cofio Euryn yn dweud wrtha i am adael popeth iddo fe, a dyna beth 'nes i.

"Mrs Williams," wedodd y fenyw tu ôl y ddesg.

Gyda phwy oedd hon yn siarad, 'te?

"Mrs Williams? Would you prefer smoking or non-smoking?"

'Wi'n gwbod! Bobol yn ysmygu ar awyrennau! Pwy feddylie? Tan ddiwedd y nawdegau roedd hawl ysmygu yn rhesi cefn awyrennau ac er na wnes i byth ysmygu ar awyren – roeddwn wastad yn dewis eistedd ymhlith yr ysmygwyr oherwydd roedden nhw wastad yn gwmni difyr, felly heddlu smygu – hwpwch hwnna yn eich piben.

Ond yn ôl i Heathrow ac at y dryswch yn fy mhen.

"Mrs Williams?"

Pam oedd hi'n edrych ata i a phwy oedd Mrs Williams?

"We'll both sit in smoking, please," wedodd Euryn.

A dyna fuodd. *Boarding pass* yr un ac i ffwrdd â ni. Roedd y peth wedi gweithio! *Gin and tonic*, ife? *Yippee*. Ar ôl llyncu hwnnw mewn eiliadau, a llyncu un arall, 'nes i ddechre ymlacio. Roedd y sefyllfa'n eitha doniol i ddweud y gwir.

Fi oedd Jenny Ogwen ac roeddwn i'n briod gyda'r ledj Euryn Ogwen Williams ac roedd y ddau ohonon ni'n mynd i Efrog Newydd. Wedes i bod hyn yn mynd i weithio. O'n i ddim yn deall pam oedd pawb wedi neud gyment o ffỳs. *G&T* arall, ife? Perffeth. Diflannodd Dilys y cynorthwyydd cynhyrchu i'r bar.

A wedyn mi glywes i, a phawb arall yn Heathrow, y cyhoeddiad yma:

"This is a call for Miss Rhian Williams. Will Rhian Williams please go to the Virgin Desk immediately please."

'Wi'n meddwl 'nes i ddechre driblan. Da'th Dilys 'nôl ar garlam.

"'Nest ti glywed hwnna?"

"Do."

"Well i ti fynd!"

"Na, mae'n olreit."

"Rhian. Ma' nhw wedi galw dy enw di mas."

No shit, Sherlock.

"Rhian. Cer. Falle bydd e'n olreit."

Wrth gwrs 'nny. O'n i newydd ddweud celwydd a dweud mai fi oedd Jenny Ogwen ac o'n i'n gwbod *sod-all* am dywydd. Wedes i bydde fe ddim yn gweithio.

"This is the second call for Rhian Williams. Please make your way to a member of the Virgin staff at once please."

'Wi'n cofio dymuno ffarwél i bawb, gofyn iddyn nhw ddweud pethe neis amdana i ar y newyddion, peidio sôn mai syniad Dad oedd e oherwydd do'dd dim isie iddo fe fynd i'r carchar 'fyd; a sicrhau bod pawb yn deall nad oeddwn i'n mynd i whythu unrhyw beth lan, ac i ffwrdd â fi.

Ymhen dim roeddwn i wrth y ddesg.

"Can I help you?" wedodd y fenyw neis.

"You called my name out. Rhian Williams."

O'n i ddim isie bod yn Jenny Ogwen mwyach.

"We need you to come through to the office."

Cachu cachu cachu cachu.

"Is everything all right?" medde fi. Na'th hi ddim ateb. Wrth gwrs, do'dd popeth ddim yn olreit. Pam yffarn gofyn cwestiwn mor dwp?

'Nes i ddilyn hi i mewn i'r swyddfa leia yn y byd. Roedd pedwar ohonon ni yn y stafell. Roedd bwrdd mawr ac ar y bwrdd, ffôn. Roedd clust y ffôn ar y ddesg. Roedd pawb yn edrych arna i a neb yn dweud gair. Gofynnodd y dyn mawr tu ôl y ddesg i fi godi'r ffôn. Edryches i ar y lleill. Oedd rili angen i fi godi'r ffôn? Roeddwn i'n barod i gyfadde pob dim. Ife yr embasi oedd ar y ffôn? Neu'r FBI? Fydden nhw'n gorfodi fi i wishgo *jumpsuit*? O'dd 'yn siâp i wir ddim yn siwto *jumpsuit*.

Estynnodd y dyn y ffôn tuag ata i. Yn araf bach 'nes i gydio ynddo fe. O'n i'n disgwyl llais posh, nid acen Caerfyrddin.

"Wel? O't ti'n poeni?!"

"Blydi hel, Dad!"

Roedd Dad a'r bobol Virgin yn meddwl bod e'n ddoniol. Do'n i ddim.

Wedi cyrraedd y pen arall nethon ni yrru yn syth drwy Efrog Newydd er mwyn cyrraedd Wilkes Barre, oedd fel Port Talbot ond llai posh. 'Nes i dreulio'r pum niwrnod tra oeddwn i yna yn poeni na fydden i byth yn gweld Cymru adre a siwrne bo' fi ar yr awyren yn mynd tua thre roeddwn i'n poeni bod yn rhaid i mi ddychwelyd i swyddfa *Dechrau Canu Dechrau Canmol*. *Yippee*.

Dechrau Canu Dechrau'r Diwedd

Gofynnodd y bòs i fi roi llyfr emynau at ei gilydd ar gyfer rhaglen *Dechrau Canu Dechrau Canmol* o'r gorllewin, gyda'r hen nodiant a'r sol-ffa ochor yn ochor. Mae pob un ohonom yn gyfarwydd gyda hen nodiant, ond mae sol-ffa fel cod peiriant Enigma, ond roies i'r ddau ochor yn ochor yn gwmws fel wedodd e. Gofynnodd y bòs a oeddwn i'n medru neud e.

Roedd y broses yma'n gymhleth ac yn meddwl y bydden i'n iwso bob elfen o fy ngradd mewn Economeg Gwleidyddiaeth Ryngwladol – ffeindio'r emyn yn y llyfr emynau hen nodiant, ffeindio'r emyn yn y llyfr sol-ffa. Llungopïo nhw. Torri nhw fyny ac iwso gliw er mwyn eu sticio nhw mewn i'r daflen emynau.

Wrth gwrs bo' fi'n gallu'i neud e. Beth oedd e'n meddwl o'n i – fflipin idiot?

Wedodd neb wrtha i bod isie iddyn nhw fatsho. Felly pan dda'th y gŵyn yn ôl o'r ymarfer bod pobol y sol-ffa a phobol yr hen nodiant yn canu dwy diwn hollol wahanol, gofynnodd y bòs beth o'n i'n mynd i neud am y peth a gofynnes i Euryn beth oeddwn i'n mynd i neud am y peth a sylweddolodd e falle bydde cyfnod i ffwrdd o 'Dechrau Canu Dechrau Mynd ar 'yn Blydi Nerfs i' yn llesol i bawb. Euryn. Wir, nawr. 'Wi'n caru chi.

Roedd Euryn yn gweithio fel uwch-gynhyrchydd ar y ffilm *Tom Nefyn* ac roeddwn i i gychwyn ar hwnnw fel Ail Gynorthwyydd Cyfarwyddo go iawn cyn gynted â phosib. Roedd hon yn ffilm gyfnod am bregethwr oedd yn eitha controfersial, rhyw Billy Graham Cymraeg. Y ffaith fwya ryfeddol i fi am Mr Nefyn oedd ei fod e wedi dewis symud i fyw i'r Tymbl. Pwy sy'n dewis symud i'r Tymbl? Richard Elfyn oedd yn portreadu'r pregethwr. Mae Richard wedi bod yn wyneb cyfarwydd ar S4C ers cychwyn y sianel ac ma' fe bellach yn chwarae arweinydd y Cynulliad yn y gyfres *Byw Celwydd* ac 'wi'n meddwl ei fod e'n edrych fel George Clooney.

Yn anffodus cafodd Richard ei ypstejo ar y ffilm gan redwr canol oed gyda'r *toupee* coch mwya anhygoel a grëwyd erioed. Roedd e'n foi tacsi lleol, ond tra oedden ni'n ffilmio yn yr ardal roedd e wedi derbyn dwy swydd ar y cynhyrchiad – rhedwr yn ystod y dydd a swyddog diogelwch gyda'r hwyr. Roedd angen swyddog diogelwch oherwydd roedd yr adran gelf wedi gwisgo llawer o'r lleoliadau gyda hen bethe drud iawn ac roedd isie cadw llygad arnyn nhw. Roedd hyn yn golygu na fyddai'n cael lot o gwsg ond do'dd dim ots 'da fe achos roedd e'n gweithio er mwyn cynilo i fynd i'r Philippines, whilo gwraig a dod â hi'n ôl i Maesybont. Pwy wedodd nad oes rhamant ar ôl yn y byd?

'…I weled pell yn agos ac agos ymhell.' Rosalind a Myrddin.
Yn ystod y cyfnod ffilmio roedden ni ar leoliad ar dir ffarm tu fas i Senghennydd. Roedden ni yno am ychydig ddyddie, felly roedden ni fel syrcas gyfan wedi symud draw i'r lleoliad, gan gynnwys carafannau gwisgoedd, colur a'r lorri arlwyo. Roedd disgwyl i'r rhedwr gadw golwg ar y rhain, a hefyd ar y bwthyn oedd ar fryn uwchben yr iard. Roedd yr adran gelf wedi gwneud gwaith sylweddol i drawsnewid y bwthyn, ac felly roedd cadw golwg ar hwnnw yn flaenoriaeth. Doedd hwn erioed wedi neud unrhyw waith diogelwch o'r blaen ac wrth imi adael y lleoliad ar y noson gyntaf roedd golwg boenus ar ei wyneb. Gofynnes iddo a oedd e'n olreit.

"Nadw," medde fe.

"Pam, beth sy'n bod?"

"Ma isie i fi fod lawr man hyn a lan fan'na."

"Ie…" medde fi.

"Ma'r *antiques* lan fan'na."

Pwyntiodd e at y bwthyn ar ben y bryn. Y lleoliad.

"Ie..."

"A wedyn ma'ch stwff chi i gyd lawr man hyn."

'Wi erioed wedi clywed rhywun yn dweud y gair 'stwff' gyda shwt atgasedd.

"Wel, pob lwc," medde fi. "Wela i di fory."

Y bore canlynol es i whilo amdano. Roedd e'n cysgu yn y lle colur ac roedd ei *toupee* e'n cysgu yn y lle gwisgoedd. Ar ôl i'r ddau ddod ynghyd eto 'nes i holi shwt a'th pethe dros nos.

"Ti'n olreit?" medde fi.

"Nadw. 'Wi'n *buggered*."

O'dd e'n neud y ddwy swydd er mwyn denu menyw o'dd e ddim yn nabod o'r Philippines i ddod i fyw gydag e ym Maesybont. Do'dd fawr o gydymdeimlad gyda fi.

"Wel? Shwt ddest ti rownd iddi?" medde fi.

"Wel, fel ti'n gwbod, roedd isie i fi gadw llygad ar y ddau le."

"*Yep.*"

"Ac o'dd pethe'n olreit. 'Nes i barco lawr man hyn."

"Ie."

"Ond wedyn gwmpodd y niwl mwya diawledig."

'Nes i ddechre edifar gofyn.

"Felly ar ôl i chi gyd fynd 'nes i ddreifo'r *four-by-four* lan i'r top le ma'r *antiques*."

"Ie."

"A 'nes i droi'r *four-by-four* rownd fel bo' fi'n gallu gweld eich stwff chi a'r lle *antiques*."

"Ie."

"A ti'n gwbod beth o'n i'n gallu gweld?"

'Nes i shiglo 'mhen.

"Ffyc-ôl."

Dyna, mewn stori fer, yw stori *showbiz* i chi.

Roedd angen cannoedd o ychwanegolion i lenwi amryw gapeli, a fi oedd yn gyfrifol am ddod o hyd iddyn nhw. Nid oedd lot o arian i dalu amdanyn nhw, ond diolch i'r bobol leol, ac yn enwedig i fachan hyfryd o'r enw Arthur Rees, ddethon ni drwyddi rywsut ac roeddwn i wrth fy modd achos roeddwn i'n gweithio am y tro cyntaf fel Ail Gynorthwyydd go iawn, ac unwaith eto mi na'th Euryn ddishgwl ar fy ôl i.

Ar ôl wythnos o ffilmio 'nes i hala llythyr at fòs *Dechrau Canu Dechrau Canmol* yn esbonio er i mi fwynhau gymaint(!) roedd gweithio ar gynhyrchiad *Tom Nefyn* wedi dangos i mi mai dramâu ac nid crefydd oedd fy 'mheth' i. Ges i ryw lythyr yn ôl yn dweud pa mor siomedig oedd e a 'mod i wedi ei adael e i lawr, a 'nes i ddarllen hanner y llythyr a wedyn taflu fe yn y bin sbwriel. Weithie, os nad yw rhywbeth yn gweithio, mae'n well cerdded i ffwrdd.

PENNOD 7

CHANGING ROOMS

O be 'wi'n ei wbod, a falle 'mod i'n hollol anghywir, 'wi'n meddwl 'mod i bron wedi cael y sac ar ddau gynhyrchiad. Y gyfres *Blodau* – a bydden i wedi saco fy hunan ar hwnnw – a'r ffilm *Solomon a Gaenor*.

Os oedd isie rhyw nydj arna i i deimlo'n gryfach dros fy iaith a thros fy ngwlad, hwn oedd y cynhyrchiad. Roedd y diwydiant yn newid. Roedd cyfrifwyr yn dechre rhedeg y siop. A daeth fformat newydd i Gymru. Ffilmio gefn-wrth-gefn. Beth y'ch chi'n gael fan hyn yw dau gynhyrchiad fwy neu lai am bris un, ac mae'n ymarferol ac yn llewyrchus o ran ariannu. 'Wi'n amau a fydde *Y Gwyll* ac *Un Bore Mercher* wedi ymddangos ar S4C oni bai am ffilmio gefn-wrth-gefn. Ac 'wi'n meddwl ei fod e'n grêt ac mae'n bwysicach gwneud rhywbeth na gwneud dim byd o gwbwl.

Ble 'wi'n ffindo'r broblem yw os nad yw'r fersiwn Cymraeg yn cael yr un sylw, amser a thegwch â'r fersiwn Saesneg. A dyna pam es i'n flin wrth weithio ar y ffilm *Solomon a Gaenor*. 'Nes i ddarganfod yn go gloi mai bwriad gwreiddiol y cwmni cynhyrchu oedd sefydlu'r stori hon yng ngogledd Lloegr, ond methwyd ag ariannu'r prosiect ac felly gyda 'bach o ddychymyg trawsblanwyd y stori i gymoedd Cymru.

Roeddwn i'n gwylltio'n ddyddiol wrth i'r cyfarwyddwr dreulio hydoedd yn gwneud yn siŵr bod y fersiwn Saesneg yn gywir a munudau yn unig yn ffilmio'r fersiwn Gymraeg.

'Sai'n dweud bod y cynhyrchydd yn dishgwl lawr ei thrwyn arnon ni'r Cymry, ond ga'th hi sioc wrth ddarganfod ei bod hi'n bosib prynu blodau ffresh ym Mryste a'u gyrru nhw dros y bont. O'n i'n meddwl bod hi'n mynd i baso mas pan 'nes i egluro bod modd prynu samwn o'dd ddim yn dod allan o dun.

Bob bore ac ar ôl pob amser cinio mi fyddwn i'n cludo'r criw a'r actorion i'r set, a phob bore ac amser cinio roedd y person camera yn mynd allan o'r car ac yn gadael drws y car ar agor. Ond a wedes i rywbeth wrthi? Naddo. Na, 'nes i fynd allan o'r car a chau'r drws fel rhyw forwyn daeog.

Mae'r diwydiant teledu a ffilm yng Nghymru wedi bod wrthi ers blynyddoedd. Mae technegwyr a pherfformwyr heb eu hail gyda ni – rhai wedi aros yng Nghymru, eraill wedi teithio'r byd ac wedi arwain mewn sawl maes. Ry'n ni gystal ag unrhyw un. Trueni ein bod ni'n amharod i gydnabod hynny i ni ein hunen.

Aaah, 'na welliant. 'Sdim byd gwell na chael rhywbeth off eich *chest* a diolch byth mae digon o *chest* 'da fi. Nid oedd yn uffern i gyd oherwydd roedd y cast yn fendigedig. Nia Roberts (*BANG*) ac Ioan Gruffydd (*Hornblower*) yn portreadu'r cariadon ifanc, Marc Lewis Jones yn dangos unwaith eto mai fe yw un o'n hactorion gorau ni ERIOED! Bethan Elis Owen, sydd yn angel ac yn berfformwraig heb ei hail, ac wrth gwrs, yr anhygoel Maureen Lipman. 'Wi'n dwlu ar Maureen Lipman. 'Wi'n dwlu ar bob dim mae hi'n neud. Mae ei llyfre hi'n neud i fi wherthin gyment 'wi'n cwmpo off celfi. 'Wi wedi teithio i theatrau Llunden i'w gweld hi'n trawsnewid i Joyce Grenfell neu'n serennu mewn ffars. Pan 'nes i ddeall felly 'mod i'n mynd i'w chyfarfod hi 'wi'n meddwl 'nes i neidio i fyny ac i lawr.

Y broblem yw, ma' rhai pobol yn y byd 'ma 'wi'n edmygu gyment 'wi methu siarad. Wele felly chwe uchaf y bobol 'wi'n edmygu ac wedi cyfarfod ond wedi methu siarad gyda nhw.

Chwe uchaf y bobol rwyf wedi'u cyfarfod ond wedi methu siarad gyda nhw:

1. Desmond Lynam. Lifft stiwdio BBC Llunden. Wedodd e helô. 'Nes i jest syllu ar ei fwstàsh e a dechre driblan.
2. Bob Geldof. Lifft yng ngwesty'r Adelphi, Lerpwl. Wedodd e helô. 'Nes i syllu ar ei seidbyrns e a dechre driblan.
3. Maureen Lipman. Dim mwstàsh. Y tro cyntaf roedd hi yn y car a finne'n gyrru wedes i ddim gair am y pum milltir cyntaf. Mae'n anodd gwbod beth i neud pan ma' gyda chi actor yn y car. Mae rhai actorion isie mynd dros eu llinellau yn dawel bach yn eu pennau. Mae rhai yn ddigon hapus siarad. Ry'ch chi felly yn aros i weld beth ma' nhw'n neud ac yn ymateb. Roedd Maureen weden i wedi synhwyro bo' fi 'bach yn nerfus a gofynnodd i mi shwt oedd pethe'n mynd? "I've read all your books," medde fi. "Oh really?" medde hithe. "Yes," medde fi. "I especially loved the story about your vulva." 'Wi dal yn aros i gael gwahoddiad i fynd i aros gyda hi yn Llunden.

4. Jonah Lomu. Flynyddoedd yn ôl, y meistr Jonah Lomu oedd chwaraewr rygbi gorau'r byd ac roeddwn i wedi llwyddo i drefnu cyfweliad gydag e ar gyfer y gyfres *Welsh Down Under* yn Seland Newydd. Roeddwn i a'r cyflwynydd Marc Freden (a oedd yn dod o Los Angeles ac yn deall mwy am begonias nag oedd e'n ei ddeall am rygbi) wedi trefnu cyfarfod y brenin ei hun a rheolwr tîm Wellington ym maes parcio stadiwm Westpac am ddeg y bore. Roeddwn i yno am hanner awr wedi wyth.

Ar ôl eistedd yn y car am ddwy awr a trial esbonio rheole rygbi i Marc, roedd Mr Lomu ei hun yn sefyll o fy mlaen a finne'n 5' 5" yn sefyll yn ei gysgod. O, mam bach. Cerddodd y ddau ohonon ni – Mr Lomu a finne – i lawr y coridor hir o'r maes parcio i'r stadiwm enfawr.

Roeddwn yn ymwybodol ei fod e'n neud ymdrech i fod yn groesawgar ac yn rhoi rhyw grynodeb o hanes y stadiwm i fi, ond yr unig sŵn yn fy mhen i oedd 'Jonah Lomu, Jonah Lomu, Jonah Lomu' drosodd a throsodd a throsodd. Wrth i ni gyrraedd diwedd y coridor stopiodd y cawr wrth fy ochor. Edrychodd arna i a gwenu.

"So, what do you think, eh?"

Edryches i fyw ei lygaid tywyll. Y llygaid mwya perffaith erioed. 'Nes i gymryd anadl ddofn. Hon oedd y foment fawr pan fydde Jonah Lomu yn syrthio mewn cariad 'da fi. Mi fydde'n rhaid iddo adael ei wraig ond mi fydde hi'n iawn am y peth. Roeddwn i'n mynd i fod yn ffraeth ond yn gynnes. Yn sbarci ond yn barchus. Beth dda'th allan oedd, "Nice changing rooms."

5. Julie Walters. Mae Gareth Bryn bellach yn gyfarwyddwr uchel ei barch. Pan y'ch chi'n gwylio cyfresi fel *Y Gwyll* neu

Craith yn amal ei waith e fyddwch chi'n edmygu. Beth sy'n fy ngwylltio i gyment am Gareth yw ei fod e'n un o'r bobol yna sydd yn ANHYGOEL am neud pob dim.

Yn 2005 roedd o'n perfformio yn y sioe lwyfan *Acorn Antiques* yn y West End gyda Victoria Wood a Julie Walters. 'Wi'n meddwl ar y pryd 'mod i'n fwy egseited na Gareth pan ga'th e'r cynnig. Chi'n siarad am ddwy o'n arwyr i fan hyn. Roeddwn i wedi gweld Julie Walters yn perfformio ychydig flynyddoedd ynghynt yn y ddrama lwyfan *When I Was a Girl I Used to Scream and Shout*. O'dd lot o secs a rhegi yn y cynhyrchiad, ac ar ei ddiwedd e bwdodd Mam a gwrthod siarad 'da fi y noson honno yn y gwesty a'r holl ffordd 'nôl i Gaerfyrddin y diwrnod wedyn achos o'dd hi'n dweud bo' fi'n gwbod ei fod e'n llawn rhegi a secs ond do'n i ddim, wir Mam. Ond doedd dim ots 'da fi oherwydd roeddwn i wedi gweld Julie Walters yn y cnawd yn actio.

Yn ôl i 2005. Roeddwn i wedi bod i weld y sioe *Acorn Antiques* yn syth wedi iddi agor. Ar yr adeg yma roeddwn i wedi teithio i Lunden am wylie byr gyda'n ffrind Helen i weld y sioe gerdd *Mary Poppins*. Roeddwn i wedi trefnu cyfarfod Gareth rhwng ei berfformiad *matinée* a'r perfformiad nos. Soniodd e bod Neil Morrissey (*Men Behaving Badly*, a llais *Bob the Builder*), oedd hefyd yn y cast, yn agor ei glwb preifat yn Soho y noson honno ac roedd Gareth yn mynd i drial cael ein henwe ni ar y rhestr gwahoddedigion. Os oedd e'n llwyddo mi fydde'n gadael neges ar fy ffôn symudol ynghyd â'r cyfarwyddiadau sut i gyrraedd y clwb. 'Nes i ddiolch iddo fe, croesi pob dim ac i ffwrdd â ni i weld *Mary Poppins*.

A do, nath y ddwy ohonon ni lefen a wherthin yn y sioe a phinacl y noson berffaith oedd bod Gareth wedi gadael neges, ac roedden ni'n mynd i Soho i glwb preifat newydd Neil Morrissey. *Swish swish.*

Roedd y ddwy ohonon ni mor benderfynol o gyrraedd y lle mi fydden ni wedi ffindo fe 'se fe ganol deuddeg troedfedd o eira yng nghrombil yr Himalayas. O fewn ugain munud o dderbyn y neges roedden ni'n cerdded yn joli iawn yn canu 'Supercalifrajilisticexpialidocious' lawr ryw stryd gefn amheus tuag at ddrws clwb newydd Neil Morrissey. Yno i'n cyfarch ni oedd bownser byr a brawychus yr olwg mewn *bomber jacket* du. Yn ei llaw roedd *clipboard* ac ar hwnnw roedd rhestr o enwau. Ac er gwaethaf ein presenoldeb ni, roedd ei sylw hi ar y rhestr a chododd hi ddim ei phen.

"Name?" wedodd hi'n swta.

"Demi Moore," wedes i. Sai'n gwbod pam 'nes i ddewis Demi Moore, ond dyna beth dda'th mas.

Edrychodd hi i fyny ac i lawr y rhestr rhyw bump o weithie.

"Not on the list," medde hi'n swrth.

"Rhian Williams," medde fi.

Cychwynnodd y beiro symud i fyny ac i lawr y rhestr unwaith eto, ac roedd yn teimlo fel hydoedd.

"You're in," wedodd hi, fel 'sen ni'n gystadleuwyr ar yr *X Factor.* Wel, hapus? Roeddwn i'n mynd mewn i rywle le bydde Demi Moore wedi cael ei gwrthod!

Mewn â ni, ac roedd y clwb yn fychan ond llawn wynebe cyfarwydd. Wedes i "helô" wrth Josie Lawrence (*Whose Line Is It Anyway*) a 'nes i ddiolch i Neil Morrissey am adael inni ddod. Gofynnes i wrth Gareth yn dawel bach a oedd Julie Walters o gwmpas? Ac yna, ymhen dim, dyna lle ro'dd hi. Yn sefyll wrth fy ymyl i. Wedodd hi "helô" a wedes i *bugger all* 'nôl. Jest ryw sŵn gyrglo. Ar ôl iddi adael edrychodd Helen yn syn arna i.

"Be ddiawl ddigwyddodd i ti?" Dim syniad. Ar y Megabus adre 'nes i feddwl am gant a mil o gwestiyne roeddwn i isie gofyn iddi, ond y noson honno? Dim byd.

6. Mae fy ffrind, Catrin Arwel (Emma yn Pobol y Cwm) wedi byw yn Llundain ers blynyddoedd. Mae Catrin, fel fi, yn hoffi sioeau cerdd ac roedd hi'n 'nabod pobol oedd yn perfformio yn y sioeau hyn, felly o dro i dro mi fyddwn i'n mynd am benwythnos i Lundain. Roedd hi wedi mynd 'mlan a 'mlan am y sioe 'We Will Rock You'. Roedd hi'n hollol hyderus y byddwn i wrth fy modd gyda'r sioe, ond am ryw reswm doedd dim lot o ddiddordeb gyda fi ac roeddwn i wedi meddwl am sawl rheswm dros beidio mynd. Ond newidiodd hyn a daeth awydd angerddol drosta'i i fynd ati am benwythnos i weld y sioe, ar ôl deall ei bod wedi symud i fyw yn nhŷ boi o'r enw Ian Watkins. Chi'n nabod yr enw? Ie 'H' o Steps. Fi'n gwbod!

Yn sydyn roeddwn i wedi camu mewn i fyd ffantasïol perffaith. A oedd hyn yn wir? A oeddwn i – Rhian Elin Williams o Abertawellanelligaerfyrddin - yn mynd i aros yn nhŷ 'H' o Steps? Sori, ond 'wi'n mynd i sôn sawl tro am y band Steps. Roeddwn i wedi prynu pob CD. Roeddwn i'n gwbod geiriau pob cân. Roeddwn i wedi talu LOT o arian i fynd i wylio nhw'n meimio… sori…canu yng ngerddi Castell Caerdydd.

Ai jôc creulon oedd hyn?

Wel, nage. 'Wi'n cofio crynu ar y trên ar y ffordd yno. 'Wi'n cofio cyrraedd y tŷ a gorfod codi fy ngen oddiar y carped drud wrth syllu ar y disgiau aur a'r lluniau o'r band. A oeddwn i wedi marw ac wedi mynd i'r nefoedd?

Ac yna mi ges gyfarfod y boi ei hun. O'dd e mor neis! A doniol. 'Wi'n siwr nes i deimlo fy loins yn tshaffo a 'dyn nhw ddim yn tshaffo'n rhwydd.

Ond 'chi'n gwbod beth? Nes i ddim sôn am y band unwaith. Nes i ddim sôn wrtho fe mai fi oedd eu ffan mwyaf yn y BYD. Nes i ddim hyd yn oed cydnabod 'mod i'n gwbod pwy oedd e. Ac odw 'wi'n dal i ddifaru hyd heddiw. Idiot.

CLIC

Wedodd Tom Cruise wrtha i unwaith mewn arddangosfa o ddannedd gosod o'r Oes Fictoria: "Rhian, bydden i'n dod draw i weithio yng Nghymru achos chi'n neud stwff *immense*, 'sen i 'mond yn gallu siarad *Welsh*."

Roeddwn i'n ffodus i fod yn gweithio yng nghanol cyfnod cyffrous i S4C ac roedd cyfrwng y ddrama yn arbennig yn ei hanterth ar y pryd. Roedd y gyfres *Iechyd Da* yn mynd â'r sianel ar wib *slap bang* i ganol y cymoedd, ac roedd yn dangos bod modd i'r iaith Gymraeg a'r iaith Saesneg gyd-fyw ar y sgrin; a'r ffilm *Branwen* yn addasiad cyfoes o'r stori adnabyddus o'r Mabinogion. Ceri Sherlock oedd y cyfarwyddwr oedd yn gwthio'r ffiniau, a Morfudd Huws yn chwarae'r brif ran. Roedd hon yn ffilm heriol, o bosib boncers – ffilmio drama sydd â'i henaid yng nghanol trafferthion Gogledd Iwerddon ym Melffast, a hynny tra bod y trafferthion yn dal i dagu'r ddinas. Wrth gwrs!

'Na i byth anghofio ffilmio gyda'r moch ar fynydd uwchben dinas Belffast – heddlu arfog gyda *snipers* tu cefn inni ac Ian Paisley yn ysbrydoli'r dorf oddi tanon ni, ei lais yn rhuo fel Morus y Gwynt ar ôl ugain Woodbine droson ni a thu hwnt. Ffilmio wrth fedd Bobby Sands wedyn, a mynd ar goll wrth yrru lawr Falls Road gydag actor oedd yn fwledi o'i gorun i'w sawdl a menyw colur oedd yn meddwl bo' ni gyd yn mynd i farw. Un o fy hoff atgofion oedd gyrru o gwmpas Belffast am bum niwrnod a gorfod gyrru ar garlam allan o le golchi ceir ar ôl i blant lleol glico bod fy nghar i'n dod o Brydain. Roedd rhaid imi ddangos fy mhasbort a dweud wrth y plismon oedd gyda gwn, "We're filming a love story," oedd yn agos iawn ac eto yn bell iawn iawn o'r gwir. A wedyn cyrraedd yn ôl yng Ngwalia yn ddiogel, dim ond i yrru mewn i camper-fan ar prom Aberystwyth. Ond roedd pob eiliad yn *hoot* a falle fod y ffilm erbyn hyn wedi dyddio rywfaint, ond roedd rhywbeth sbesial am berfformiadau Morfudd Huws a Richard Lynch ac roedd yn fraint eu gweld nhw wrth eu gwaith.

Daeth cyfnod wedyn i lawr yng Nghaerdydd, a gweithio ar gyfres *Yr Heliwr*. Roedd hon ar flaen y gad o ran cyfresi yn cael eu cynhyrchu gefn-wrth-gefn er falle anghofiodd rhywun ddweud wrth Philip Madoc bod angen iddo siarad *two spokes*. Roedd gweithio i'r diweddar gynhyrchydd/cyfarwyddwr Pete Edwards yn fraint, ac fe wnaeth fy mherswadio i i neud 'bach o waith ecstra. Ac os nad ydych chi wedi trial cynnau sigarét wrth wthio troli a thri deg aelod o griw jest isie i chi neud e'n iawn achos ma' nhw isie cinio, dych chi ddim yn haeddu bod yn y busnes 'ma.

Y Clic

Ond wedyn ry'ch chi'n gweithio ar rywbeth sydd ddim yn clico. Mae'n anodd gwbod bai pwy neu beth yw e, ond mae'n gallu digwydd weithie. Ac roedd lot o bethe ddim yn clico ar y ffilm *Llety Piod*.

Tip y bennod – jest achos bo' nhw'n enwog dyw e ddim yn golygu bo' nhw wastad yn neis.

Nawr, dwylo i fyny pwy welodd y ffilm *Llety Piod* a chadwch eich dwylo i fyny os ydych chi'n cofio am beth oedd e a phwy oedd y cast? Roedd y stori'n syml ac yn fy nhraddodiad personol i bellach, yn llawn *angst*. (O nawr 'mlan, bob tro chi'n darllen y gair *angst* fi isie i chi yfed siot o *tequila*, a Mam, siot wedes i, nage hanner peint. Sai isie chi fod yn sâl dros y ci eto.)

Dychmygwch ddau ffermdy ychydig o filltiroedd tu fas i Ddolgellau. Teulu o Gymry yn un ohonynt – Stewart Jones, Catrin Fychan, Alun Elidir a Rolant Elis Tomos, ac mae teulu o Loegr yn symud i'r ffarm drws nesa *with disastrous consequences*. 'Wi wedi gweithio ar lot o gynyrchiadau *with disastrous consequences*. Bill Nighy (*Love Actually*) oedd yn chwarae'r tad, Sandra Dickinson (*Hitchhiker's Guide to the Galaxy*) oedd y fam, a Toby Sawyer o *Hollyoaks* oedd yn chwarae rhan y mab. Roedd lot o *angst* gyda'r rhain 'fyd.

Erbyn hyn mae Mr Nighy yn cael ei ystyried yn un o brif actorion Prydain a thu hwnt. Mae'n wyneb cyfarwydd ar ffilmiau megis *Pirates of the Caribbean* a *Dad's Army* – yr un diweddar gyda Catherine Zeta Jones. Adeg *Llety Piod* 'wi'n meddwl ei fod e'n deg i ddweud ei fod e wedi cael rhyw slymp yn ei yrfa, ac roedd ei asiant e wedi hala fe i Ddolgellau er mwyn cadw fe'n fishi, achos roedd e wedi rhoi lan yfed.

Bydden i ddim yn danfon unrhywun oedd newydd roi lan yfed i Ddolgellau am chwe wythnos. Fe gyrhaeddodd e gyda wep ar ei wyneb ac mi a'th adre gyda'r un wep ar ei wyneb, ac roedd adegau pan doedd e na finne yn methu deall pam oedd e'n sefyll mewn cae ganol nunlle ganol mis Mai yn yr eira.

Roedd Sandra Dickinson mewn hwyliau gwell ond rhaid cyfaddef roeddwn wedi disgwyl iddi fod bach mwy bybli nag oedd hi. Fel 'nes i grybwyll, roedd Sandra wedi bod yn enwog-ish ers ei pherfformiad comedi yn y gyfres gwlt *Hitchhiker's Guide to the Galaxy*. Ie, hi oedd yr un gyda'r llais uchel.

Doedd hi ddim wedi bod ar ein sgrins ryw lawer ers hynny

ond roedd hi wedi parhau i fod yn dipyn o seléb ers priodi Peter
Davidson, oedd yn actor poblogaidd iawn, diolch yn bennaf i
gymeriad Tristram yn *All Creatures Great and Small*, a fe hefyd
oedd 'yn ffefryn Doctor Pwy fi, ac felly roeddwn i'n reit ffyddiog
y bydde fe'n popan lawr i weld ei wraig yn ystod y ffilmio. Yn
anffodus, gwahanodd y cwpwl cyn i Sandra ddechrau gweithio
ar *Llety Piod*. Am hunanol. A dyna'r rheswm, weden i, pam bod
Sandra ddim mor bybli ag yr oeddwn i wedi dishgwl.

Weithie, mae actorion yn mynnu pethe arbennig ac mae'r
asiant fel arfer yn rhoi rhestr o ofynion yr actor i'r cwmni
cynhyrchu. Yr enw ar hwn yw *Rider*. Dyw e ddim yn digwydd yn
amal ar gynyrchiadau yn yr iaith Gymraeg. Mae'r rhan fwyaf o
actorion rownd ffordd hyn jest yn falch eu bod nhw'n gweithio.
Ma' nhw hefyd ar y cyfan yn weithwyr caled cydwybodol. Yn fy
mhrofiad i, yr actorion gyda'r lleia o hunanhyder yw'r rhai sydd
yn mynnu'r mwya o sylw ac sydd yn cael *hissy-fits* o dro i dro.

Un o *Riders* Mr Nighy oedd bod rhaid cael caniau o Coca-Cola
– nid Pepsi nac unrhyw frand arall – ar gael drwy'r amser tra'i
fod e ar set. Ac roedd yn rhaid i'r caniau fod yn oer. *Chilled*, hyd
yn oed. Dyw hwnna ddim yn rhy ddrwg, meddech chi, roedd y
bachan siŵr o fod yn dal yn sychedig, a 'se Bill wedi mynnu hyn
ganol Caerdydd neu Lunden, dim problem. Ond mewn cae tu fas
i Ddolgellau?

Cyn iddo fe ddechrau, es i o gwmpas pob siop a gorsaf betrol
o fewn ugain milltir i Ddolgellau a phrynu pob can o Coca-Cola
oedd 'da nhw, ond mi 'nes i redeg allan o ganiau, a dyma pam.
Pan oedd Mr Nighy ar set ac isie diod, mi fydde fe'n clicio ei
fysedd ac mi fyddwn innau neu un o'm cyd-weithwyr yn rhuthro
ato fel ffŵl dwl, achos roedd pawb isie cadw Mr Nighy yn hapus,
ac estyn can iddo. Mi fydde fe'n cymryd un llwnc allan o hwnna

ac yna'n ei osod mewn man anghyfleus, gan amlaf o flaen y camera, a chyn i chi droi rownd roedd e'n clican ei fysedd ac yn mynnu can arall. Un o'r pethe pwysicaf gallwch chi gael yn y busnes yma yw amynedd. A lot fawr ohono fe.

'Nes i weithio gyda rheolwr llawr gwych o'r enw Delyth Thomas, a'i mantra hi wrth drin actorion oedd "provide the toilet paper but don't wipe their arses", ac 'wi wedi trio stico at hwn gymaint ag y medra i.

Ar ei diwrnod cyntaf roedd Sandra Dickinson yn y gadair golur ac i mewn â fi ati i weld beth hoffai hi i frecwast

"What can I tempt you with breakfast-wise, Sandra? You can have a sausage bap, a sausage and egg bap, a sausage and tomato bap, a bacon bap, or an egg and tomato bap."

"May I have a fresh fruit salad?" medde hi.

"You can have a sausage bap, a sausage and egg bap, a sausage and tomato bap or an egg and tomato bap."

Ffindes i afal iddi yn rhywle, a na'th hi ddim boddran gofyn am salad ffrwythe ffresh byth eto.

Galw 999

Un o swyddogaethau answyddogol yr Ail Gynorthwyydd Cyfarwyddo yw mynd yn gwmpeini i bobol sydd wedi brifo neu yn sâl, i weld naill ai meddyg neu wrth ymweld â'r ysbyty. Rwyf i wedi gwneud hyn hanner dwsin o weithie, ac roedd hanner o'r troeon hynny tra o'n i'n gweithio ar *Llety Piod*. I gychwyn arni, torrodd y boi sain ei benelin a phan es i gydag e i'r ysbyty gofynnodd y nyrs os oeddwn i'n perthyn iddo fe. Cyn imi fedru ateb 'blydi hel, na' dywedodd e fy mod i, a gofynnodd hi iddo fe dynnu ei drwser lawr, a dyna pryd ddysges i beth oedd mynd yn *commando* yn ei feddwl. Sai'n siŵr beth wedodd e wrthi oedd wedi brifo, ond o'dd ddim lot yn bod lawr fan'na.

Ond mae damweiniau yn digwydd, hyd yn oed i bobol sydd yn ennill bywoliaeth drwy wneud stynts.

Y Stynt

'Wi isie i chi ddychmygu'r senario yma. Yn y stori mae'r bachan ifanc o Loegr – Toby o *Hollyoaks* – wedi troi mas, sypréis sypréis, i fod yn fastad bach pwdlyd. Dyw e ddim yn hoffi Cymru, dyw e ddim yn hoffi'r 'hics' drws nesa a dyw e ddim yn hoffi ei fam a'i dad. Mae'n cael wobli, ac os 'wi'n cofio'n iawn, mae e'n dwyn beic modur y boi drws nesa (mab Dafydd Elis-Thomas), ac yn gyrru yn anghyfrifol iawn *with disastrous consequences*. Os oes angen ffilmio rhywbeth lle mae angen rhywfaint o arbenigedd neu lle mae elfen o beryg a lle bydde posibilrwydd bod yr actor yn brifo, yna mae'r cwmni cynhyrchu'n galw ar berson stynts proffesiynol i ddysgu'r actor sut neu beth sydd isie neud mewn modd fel nad yw'n torri coes/torri'r camera, oherwydd mater drud bydde cymryd lle unrhyw un o'r ddau.

Os oes peryg go iawn, yna daw rhywun mewn i wneud y stynt ar ran yr actor, a dyna yn gwmws ddigwyddodd gyda Toby o *Hollyoaks*. Roedd Toby yn medru gwneud pethe elfennol ar y beic modur, ond yn yr olygfa hon roedd gofyn iddo fe reidio ar gyflymder mawr a mynd dros ryw ddibyn bychan a glanio yn wael, achos mae'r cymeriad wrth wneud hyn yn torri ei goes.

Dechreuwyd gyda'r cyfarwyddwr yn saethu siots gymharol hawdd gyda Toby o *Hollyoaks* a wedyn cymerodd y boi stynts drosodd. Ar ôl i'r cyfarwyddwr a'r person camera esbonio iddo fe beth yn gwmws o'dd isie iddo fe gyflawni, sicrhaodd Dafydd y

Cyfarwyddwr Cynorthwyol Cyntaf bod pob dim yn ei le, aeth y boi stynts ar y beic i'w farc cychwyn ac i ffwrdd â ni. *Unwaith eto, os gwelwch yn dda. Ocê, falle ddim.* 'Co fe'n dod, drwy'r coed a dros y top, troad sydyn ac annisgwyl, a cholli rheolaeth o'r beic. Roedd pawb yn rhyfeddu pa mor realistig oedd y gwymp. Yffach, roedd y bois stynt 'ma'n deall eu stwff oherwydd roedd hwnna MOR realistig. I ddweud y gwir, roedd e MOR realistig nes iddo fe dorri ei goes.

Erbyn hyn roeddwn i'n gyfarwydd iawn â'r drefn ac roedd y bobol yn yr ambiwlans yn gwbod yn iawn lle roedd y 'bobol ffilmio'.

Gan amlaf, mae disgwyl i aelod o'r tîm cynhyrchu fynd i'r ysbyty gyda phwy bynnag sydd wedi brifo. Mae hyn er mwyn:

1. Dal llaw ef neu hi.
2. Casglu'r gwaith papur i'r bobol insiwrans. Mae ffilmio yn ddrud. Mae colli actor am ddiwrnod yn gallu troi amserlen yn hunllef ac mae effeithiau cost. Roedd damwain y boi stynts yn boen tin iddo fe yn bersonol gydag effeithiau byr-dymor ar ei yrfa, ac roedd hefyd yn golygu cost i'r cwmni, ond os oedd pob dim wedi ei wneud yn iawn mi fydde modd cael ychydig o'r costau yn ôl gan y cwmni yswiriant. A chyn cael unrhyw beth yn ôl roedd yn rhaid cyflwyno gwaith papur, a lot ohono fe, oedd yn golygu cwpwl o oriau yn yr ysbyty, ond do'dd dim ots 'da fi achos 'wi wastad wedi mwynhau gyrru o gwmpas mewn ambiwlansys. Rhywbeth od i weud 'wi'n gwbod, ond fi wedi ei weud e. A fydden i ddim yn hir. Wedes i ta-ta wrth Dafydd ac wrth weddill y criw. Bydden i'n ôl gyda nhw wap.

Gyrrodd yr ambiwlans i ffwrdd ar gyflymder o ryw bum milltir yr awr. 'Nes i gymryd ei fod e'n gyrru yn ofalus rhag ofn bod dafad yn rhedeg allan o ryw berth a'i orfodi e i swerfo, a doedd neb am achosi mwy o ddolur i'r boi bach stynts. Ar ôl rhyw ugain munud roedden ni wedi gyrru heibio i Ysbyty Dolgellau. 'Nes i dynnu sylw'r gyrrwr at hyn, ac fe esboniodd bod anaf y boi bach stynts yn rhy ddifrifol i Ysbyty Dolgellau. 'Nes i ofyn iddo fe pam o'dd e'n gyrru mor araf, ac esboniodd e bod y boi stynt wedi torri ei goes mewn sawl man ac felly y bydde'n rhaid gyrru'n araf yr holl ffordd i'r ysbyty.

Ond do'dd dim ots 'da fi oherwydd doedd Ysbyty Gwynedd ddim mor bell â hynny, ac roeddwn i'n eistedd yn y ffrynt gyda'r gyrrwr ac roedd 'da fe lot o storis diddorol. Roedd e hyd yn oed wedi bod yn ychwanegolyn ar y ffilm *First Knight* ac wedi gweld Sean Connery tu fas y garej betrol ar y Cob ym Mhorthmadog.

Awr yn ddiweddarach, a dim golwg o Ysbyty Gwynedd. Daeth galwad drwodd ar radio'r ambiwlans.

"What do you both want for supper?" Roedd yr ail baramedic yng nghefn yr ambiwlans yn dal llaw y boi bach stynts. O'n i ddim yn deall. Dim ond ganol pnawn o'dd hi. Pwy ordro swper? Er, do'dd dim ots 'da fi oherwydd o leia na'th e stopio siarad am bali *First Knight* am ddwy funud.

"What's the choice?"

"Gammon egg and chips or ham and chips. And rice pudding."

Dim *fresh fruit salad*. Lwcus bod Sandra ddim 'da ni.

Ar ôl sgwrs fer, penderfynodd y ddau ar *gammon*.

"Two gammons, please. We'll see you in a couple of hours."

"Hang on," medde fi. "Where are we going?"

Dywedodd e 'Wrecsam' fel 'se fe'r peth mwya naturiol yn y byd. Wrecsam? O'n i erioed wedi bod yn Wrecsam o'r blaen. Roedd

Mam-gu yn dod o Brymbo ac roedd mynd fan'na ar 'yn rhestr fwced i, ond dim heddi.

"But we've just driven past two hospitals!"

"We're going to Wrexham, love. Did I tell you I was in the scene when Richard Gere does the agility test...?"

Er gwybodaeth, mae Wrecsam 48.2 milltir o Ddolgellau. Tua awr a hanner os 'chi'n mynd ar gyflymdra call. A'th fan hufen iâ heibio i ni rywle o gwmpas y Bala. Ddim bo' fi'n hunanol. Dair awr yn ddiweddarach fan'na oeddwn i – yn Ysbyty Wrecsam. Dim ffôn. O'dd *walkie-talkie* gyda fi ond ar wahân i'r ffaith bo' fi isie cysylltu gyda chwmni tacsis lleol, do'dd dim lot o gop ar hwnnw. A dim clincen o arian.

Stranded in Wrexham. With disastrous consequences.

Da'th gyrrwr yr ambiwlans i fyny ata i.

"All right?"

Perffaith. Plis paid dweud dim byd am *First Knight.*

"Are there any buses going back to Dolgellau?"

"From Wrexham?"

No. From the Hanging Gardens of Babylon.

"Yes. From Wrexham."

"Isn't someone coming to get you?"

Do'dd dim bali cliw gydag unrhywun ble roeddwn i. Roedd y boi stynt yn gwybod, ond roedd hwnnw ar *morphine* ac yn canu Dancing Queen yn y ward. Pan ddechreues i grio wedodd *First Knight* yr ele fe â fi'n ôl i Ddolgellau ar ôl iddo fe orffen ei *gammon* a *chips*. A'r reis.

O'dd lot mwy o storis gyda fe am bali Richard Gere. Taith hir, gyfeillion. Uffernol o hir.

Roeddwn i wrth fy modd yn y cyfnod hwn. Roeddwn i'n mynd o un cynhyrchiad i'r llall. Roedd digon o waith, a digon o sbri.

Ac eto, roeddwn i'n ymwybodol bod rhywbeth ddim yn iawn. Bob tro roeddwn i'n tynnu fy nhroed oddi ar y sbardun roedd yr ansicrwydd llethol yn cymryd drosodd eto. Y teimlad 'mod i'n fethiant. Beth bynnag oedd y ganmoliaeth a ddaeth i'm rhan ac er gwaetha'r holl ddoniolwch, roeddwn i'n ymwybodol nad oeddwn i'n hapus. Un peth amdani felly – gweithio'n galetach a gwthio fy hun i'r eithaf er mwyn sicrhau bod pob munud wedi ei llenwi.

Tip y bennod – os oes rhywun yn dweud wrthoch chi beidio cymryd rhywbeth yn bersonol, ma' nhw'n malu cachu. Wrth gwrs bo' nhw'n bod yn bersonol, neu pam boddran ei weud e?

CARU TI, LLINOS

1996. Tra oedd Peter Andre yn yr ysbyty ar ôl troi'n felyn am fod e wedi byta gormod o fananas, mi ges inne'r alwad i weithio ar gyfres gyffrous newydd sbondanllyd o'r enw *Y Parc*. Pauline Williams oedd y cynhyrchydd, a'r cyfarwyddwyr oedd Emlyn Williams ac Endaf Emlyn.

Roedd parc y teitl yn cyfeirio at Barc Cenedlaethol Eryri ac roedd y gyfres yn dilyn hynt a helynt y bobol oedd yn rhedeg y parc ac yn gweithio ynddi, ac yn debyg i'r gyfres *Casualty* roedd stori wahanol bob wythnos ble roedd pobol yn mynd ar goll neu'n cwmpo oddi ar glogwyn neu ryw drasiedi gyffelyb. Roedd y cast yn wych – Gwyn Vaughan, Sharon Roberts, Richard Lynch, Delyth Morgan a John Pierce Jones. Roedd y cymeriadau yn neud lot o gwmpo mas a chymodi a chwmpo mas eto, a lot o *testestorone* a secs a *shoulder pads*. Roedd y sgriptie'n llawn hwyl a chyffro ac yn wahanol iawn i arlwy arferol S4C. Roedd e hefyd yn golygu 'mod i'n symud i fyw i Borthmadog dros yr haf, ac ro'dd hynny'n *hoot* a hanner.

Roeddwn i'n gweithio fel Ail Gynorthwyydd ac roeddwn yn gwbod mai Cwmni Gaucho, sef cwmni Pauline ac Endaf, oedd y gorau yng Nghymru ac felly roeddwn i wir isie plesio nhw achos os oedden nhw'n hapus mi fyddwn inne'n hapus 'fyd. Weithie, roedd hyn yn gwneud i mi fod yn orfrwdfrydig. Wele ddwy esiampl i chi:

1. Fi, yr Ail Gynorthwyydd Cyfarwyddo oedd yn gyfrifol am ddod o hyd i'r ychwanegolion ar gyfer y gyfres. 'Wi wastad wedi credu bod ychwanegolion da, effeithiol yn gallu ychwanegu at y stori a bywiogi golygfeydd. Dychmygwch yr olygfa yn *When Harry Met Sally* pan oedd Meg Ryan yn smalio ei bod hi'n cael 'chi'n gwbod beth' yn y caffi. 'Se'r lle wedi bod yn wag, a 'se'r fenyw heb weud "I'll have what she's having" fydde'r olygfa ddim wedi bod hanner mor gofiadwy. Odyn, mae ychwanegolion da yn gallu ychwanegu at olygfa ac mae ychwanegolion gwael, yn yr un modd, yn gallu ei dinistrio.

   Felly pan 'nes i ddarllen sgript *Y Parc* roeddwn i isie bod yr Ail Gynorthwyydd gorau a gyflogwyd gan gwmni Gaucho erioed. Yn un o'r penodau roedd parti o bobol fyddar yn dringo'r Wyddfa wrth i griw o bobol ifanc ar feiciau ymddwyn yn anghyfrifol a gyrru tuag atyn nhw, ac nid yw'r bobol fyddar yn clywed nhw. Nawr, pawb i weud hwn gyda'n gilydd os gwelwch yn dda – *with disastrous consequences*. 'Nes i benderfynu yn go gloi i beidio mynd ar ôl pobol oedd yn gallu clywed achos bydden nhw'n ymateb i'r beics a bydde hynny'n strwa'r olygfa. Yr unig broblem oedd pan dda'th y beiciau *full pelt* i lawr y llwybr roedd y bobol fyddar 'go iawn' yn methu clywed y beics, wrth gwrs, ac felly yn methu ymateb iddyn nhw, sydd yn dangos bod ceisio datrys un broblem yn gallu creu problem fwy. Wnaeth neb farw, ac ers hynny 'wi wedi wir gwerthfawrogi brêcs beic.

2. Mewn pennod arall roedd criw o bobol o Bosnia yn dod ar wylie i'r parc. Ie nid *typo* yw hwnna. Bosnia. 'Nes i benderfynu bod pobol o Bosnia yn edrych yn hollol wahanol i bobol

Cymru ac y bydde'r gwylwyr yn sylwi, felly 'nes i gysylltu gyda chymdeithas Bosnians yn Birmingham, a gwahodd pump ar hugain ohonyn nhw draw i ogledd Cymru i ffilmio gyda ni. Roeddwn i wedi trefnu llety iddyn nhw ym Mhorthmadog. Yffach, 'wi'n meddwl am bob dim, odw i? Roedd angen lot o drefnu ond roeddwn i wedi bod yn rhyfeddol o wych wrth ddod o hyd i Bosnians go iawn, a bydde pawb yn gwerthfawrogi ac yn cydnabod y manylder hyn wrth iddyn nhw ffilmio gyda ni. Os gwneud rhywbeth, gwneud e'n iawn.

A.Y.B (Amserlen y Bosnians)

Roeddwn i wedi trefnu eu bod nhw'n cyrraedd ganol prynhawn. Ar ôl cyrraedd roedd y bobol arlwyo i'w bwydo nhw'n syth a wedyn mi fydden nhw'n ymuno gyda ni yn y ffilmio. Hawdd.

Cyrhaeddodd y bws ar amser ac roedd pawb o beth weles i yn gwenu. Mae'n rhaid cyfaddef roeddwn i'n blês iawn gyda'n hun wrth i mi eu gwylio nhw'n cerdded lawr at y bobol arlwyo. Oedd Ail Gynorthwyydd Cyfarwyddo gwell i ga'l yng Nghymru, gwedwch? Ymhen ychydig cefais fy ngalw draw i weld y bobol arlwyo.

"Ma' problem," medden nhw.

"Pa fath o broblem?" medde fi. Pam bod wastad problem? O'n i wedi dweud wrthyn nhw ba amser oedd isie eu bwydo nhw a faint ohonyn nhw oedd isie eu bwydo. Beth oedd y bobol arlwyo isie i fi neud, coginio'r bwyd iddyn nhw 'fyd?

Rhuthrais i mewn i'r lorri arlwyo, taflu'r sosbenni ar y llawr, gafael yn y gyllell fwya siarp weles i a sgrechen yn uchel, "BETH NAWR 'TO?"

Nid dyna beth 'nes i go iawn. Sai'n dda am weiddi ar bobol.

'Nes i siŵr o fod gweud rhywbeth fel "Odych chi'n olreit? Oes rhywbeth galla i neud i helpu?"

Ma' pobol benodol dych chi ddim yn cwmpo mas 'da pan y'ch chi'n ffilmio. Colur, gwisgoedd a'r bobol arlwyo. O ran colur a gwisgoedd, mae isie eu cadw nhw ar eich ochor chi oherwydd mae ganddyn nhw'r gallu i arafu pob dim. Os yw'r actorion yn y gadair goluro dydyn nhw ddim ar y set a 'sdim byd yn cael ei ffilmio. Ond, yn bwysicach na hynny, a dyma pam 'wi'n caru pobol coluro, pan mae eich tinau chi lan yn erbyn y wal ac mae'n ymddangos bod yr amserlen yn drech na chi ac ry'ch chi angen yr actorion yn gloi ond ma' nhw dal yn y gadair goluro, mae ganddyn nhw hefyd y gallu i gyflawni gwyrthiau a gwneud amserlen yn bosib. Yn ôl â ni felly at y bobol arlwyo a'r Bosnians.

"Ma' dy ecstras di ffili byta swper," medde un o'r criw arlwyo.

"Pam?" medde fi. Roeddwn i wedi trefnu gyda nhw ymhell o flaen llaw. Roedden nhw i'n gwbod yn GWMWS faint o bobol oedd ishe'u bwydo. Os oedden nhw wedi cocan hyn i fyny...

"Porc yw e."

"Ie?" Beth oedd problem hon? Wir nawr. Ocê, 'sdim pawb yn hoffi porc. 'Wi ddim yn berson porc fy hun ond 'wi ddim yn neud ffŷs. O'dd lot o bethe 'da fi i neud.

"Mwslims y'n nhw."

'Nes i ochneidio. Druan bach, do'dd hi ddim yn deall pethe'r byd. 'Nes i ei chywiro hi.

"Nage Mwslims y'n nhw. Bosnians y'n nhw."

Esboniodd hi wrtha i am Bosnians a Mwslims, a wedyn es i lawr i siop *chips* Allports ym Mhorthmadog a phrynu pump ar hugain o fagiau pysgod a sglodion, a wedyn 'nes i ffonio perchnogion y tai gwely a brecwast lle roedd y Bosnians yn mynd i aros a gofyn iddyn nhw plis beidio rhoi sosejis porc neu facwn i'n hymwelwyr ni. O'n i ddim yn meddwl bod Porthmadog yn barod am *diplomatic incident*.

Tîm Cynhyrchu *Y Parc*

Roedd ein tîm cynhyrchu ar *Y Parc* yn wych, a 'wi'n gwbod mai fi sydd yn ei weud e achos roeddwn i'n rhan ohono ond tyff. Geoff Skelding oedd y Cyfarwyddwr Cynorthwyol Cyntaf. O'dd e ddim yn dweud lot ac roedd e'n wherthin llai, ond ma' fe heb os yn un o'r goreuon yn y diwydiant ac roedd hi'n fraint gweithio iddo fe. Nerys Wyn Phillips oedd y 3ydd Cyfarwyddwr Cynorthwyol. Fe glywch chi fwy am y biwt yma yn y man. Mae Nerys a finne wedi gweithio ar sawl cynhyrchiad gyda'n gilydd. Fe wedodd Dafydd (y Cyfarwyddwr Cynorthwyol Cyntaf ar *Llety Piod* – 'nes i erioed ystyried pa mor ddiawledig o hir ydi teitlau'r swyddi 'ma), mai'r bobol chi isie o'ch cwmpas yn eich gwaith yw'r bobol y byddech chi'n dewis sefyll ysgwydd wrth ysgwydd gyda nhw mewn byncer yn y Rhyfel Byd Cyntaf. Mi fyddwn i wastad isie sefyll ysgwydd yn ysgwydd gyda Nerys mewn unrhyw fyncer. Ond tra o'n i'n ffilmio *Y Parc*, arwres y gyfres i mi oedd y rhedwraig Llinos Jones-Williams.

A chi isie gwbod pam? Oherwydd mai hi ddysgodd fi i bwyllo. Na'th hi ddysgu fi 'mod i weithie... ocê, yn amal, yn medru poeni gormod am bethe, ac efallai yn bwysicach fyth, na'th hi ddysgu i werthfawrogi'r hyn oedd o'm cwmpas i ac i beidio stresan gyment. Roedd hi'n hawdd cuddio yn fy ngwaith – mor hawdd weithie nes iddo fe ar adegau droi'n obsesiynol. Ond y peth yw, er bod rheswm 'da fi dros boeni gymaint am y gwaith, doedd dim byd yn cyfiawnhau'r holl stresan!

Lle ma' Jenny Ogwen pan y'ch chi angen hi?

Roedd ffilmio cyfres *Y Parc* ym Mharc Cenedlaethol Eryri yn fendigedig ac yn ysbrydoledig a lot o eiriau eraill sy'n gorffen gydag 'ig', ond 'wi'n meddwl bo' chi'n deall beth 'wi'n trial ei weud. Ac un o'r rhesymau dros hynny oedd bod lot o bethe alle fynd o'i le, ac ar ddiwedd y dydd natur yw'r bòs – ble bynnag y'ch chi'n byw, ac yn enwedig ar ben mynydd mwya Cymru. Roedd angen gofal felly, ac o'r herwydd roedd y broses ffilmio yn medru arafu rhywfaint yn enwedig pan oedd angen cael yr holl dechnegwyr, actorion ac offer i uchelfannau'r parc.

Roedd angen cydlynu gyda'r bobol arlwyo i neud yn siŵr bod y criw a'r cast yn cael eu bwydo. Roedd angen cael yr actorion o'r carafannau gwisgoedd a cholur i fyny at y criw. Ond y peth pwysicaf oll oedd y cyfathrebu a'r berthynas gyda cheidwaid anhygoel y parc – y wardeniaid a'u swyddfa nhw ym Mhen-y-Pas. O ran ffilmio yn y parc, gyda nhw oedd y gair olaf am beth oedd yn bosib i ni neud. Ac os oedden nhw'n dweud wrthon ni i ddod lawr o'r mynydd, wel dyna hi, dim dadlau. Falle rodden ni'n gwbod shwt i neud rhaglenni teledu, ond doedd dim lot o gop arnon ni yn darogan y tywydd a deall natur anwadal y mynydd.

Lojistics

'Wi'n gwbod 'mod i wedi sôn eitha tipyn am *walkie-talkies* yn y llyfr epig yma, a na, sai'n obsesiynol amdanyn nhw, ond ar y cynhyrchiad yma roedden nhw'n hollol hanfodol. Nid oedd ffonau symudol mor soffistigedig ag y maen nhw heddi. Siwrne eich bod chi ar y topiau roedd hi'n amhosib cyfathrebu yn uniongyrchol gyda'r wardeniaid a'r tîm cynhyrchu a'r criw arlwyo lawr ar waelod y mynydd ym Mhen-y-Pas. Roedd yn rhaid felly creu tsiaen o gyfathrebu.

Roedd hyn yn golygu:

1. Cadw un aelod o'r criw cynhyrchu wrth ymyl yr uned gynhyrchu a'r wardeniaid ym Mhen-y-Pas.
2. Gosod aelod arall o'r criw cynhyrchu hanner ffordd i fyny.
3. Roedd Geoff gyda'r cyfarwyddwr a'r criw ar ben mynydd. Roedd y person ym Mhen-y-Pas yn gallu siarad gyda'r person oedd hanner ffordd i fyny, ac roedd y person hanner ffordd i fyny yn gallu siarad gyda Geoff ar y mynydd. Nid oedd y person ym Mhen-y-Pas yn medru siarad yn uniongyrchol gyda Geoff ar y mynydd, ond roedd y person ym Mhen-y-Pas yn gallu clywed y person oedd hanner ffordd yn siarad gyda Geoff. Chi'n deall? Odych? Da iawn.

Ar y diwrnod arbennig yma roedd Llinos hanner ffordd, Nerys gyda Geoff, a finne ym Mhen-y-Pas. Daeth un o'r wardeniaid draw ata i ac esbonio bod tywydd garw ar y ffordd ac i roi rhybudd i'r criw ffilmio ddod i lawr o'r mynydd yn syth, neu mi fyddai'n anodd eu cael nhw lawr.

Ges i bwl o fod yn ddramatig wrth basio'r neges ymlaen i Llinos ar y *walkie-talkie*.

"Rhian i Llinos."

"Haia," medde Llinos. Mae Llinos yn un o'r bobol mwya joli 'wi erioed wedi cyfarfod.

"Gelli di ddweud wrth Geoff bod un o'r wardeniaid newydd ddod ata i a ma' fe wedi dweud bod isie i Geoff ddod â'r criw lawr oddi ar y mynydd cyn gynted â phosib oherwydd bod tywydd gwael ar y ffordd a 'dyn nhw ddim isie bo' nhw'n styc lan fan'na oherwydd siwrne bod y storm mewn os nad y'n nhw lawr bydd yn rhaid iddyn nhw aros lle ma' nhw nes bod y storm wedi pasio."

Nid oedd Geoff yn siarad Cymraeg. Arhosais i glywed Llinos yn pasio ymlaen fy neges hirwyntog i Geoff.

"Llinos to Geoff."

"Yes, Llinos."

"There's a storm coming from my direction, whichever that is."

Fe ddethon nhw lawr yn go gloi. Weithie, *less is more*.

Os gweld Cymru, gweld Cymru go iawn

Roedd criw o ychwanegolion o dras Tsieineaidd gyda ni yn y ffilmio. A gyda'r brwdfrydedd a amlygwyd gyda'r Bosnians a'r bobol fyddar, roeddwn i wedi trefnu bod criw o bobol o dras Tsieineaidd yn dod draw o Birmingham. Roeddwn wedi bwcio nhw mewn i westy ym Mangor ac wedi trefnu bod Llinos yn dod â nhw draw i'r lleoliad ym Mlaenau Ffestiniog. Do'dd dim lot 'da nhw i neud felly bydden nhw wedi gorffen eu cyfraniad nhw i'r gyfres o fewn yr awr ac yn ôl ar y bws mini gyda Llinos yn go handi. Roeddwn yn disgwyl Llinos i gyrredd yn ôl ar ôl rhyw hanner awr, ond ddwy awr yn ddiweddarach gyrhaeddodd Llinos a'i bws mini yn ôl ar leoliad. Es i yn hollol *beserk* a na, sai'n browd iawn o'n hun. 'Nes i ofyn pam gymrodd hi shwd gymint o amser, ac fe esboniodd hi iddi gychwyn sgwrs gyda'r bobol o dras Tsieineaidd, a doedden nhw erioed wedi bod yng Nghymru o'r blaen felly roedd Llinos wedi mynd â nhw yn ôl i'w gwesty ar y *scenic route*. Ffaith i chi – mae bod yn neis yn bwysicach nag amserlenni twp. A do, 'nes i deimlo'n euog am fod mor flin.

Diwrnod y Caca

Roedd hi'n ddiwrnod ffilmio go bwysig ac roedd *big-wigs* S4C wedi dod ar leoliad ac felly roedd pawb wedi cael instrycshyns i fihafio, ac roedd cyfarwyddiadau Pauline y cynhyrchydd yn hollol glir – peidiwch cocan heddi lan. Fe alle S4C fod wedi landio ar ddiwrnod llai cymhleth, ond na, ar y diwrnod arbennig yma roedd y sgript yn mynnu bod rhyw gwmpo mas mawr a bod un o'r cymeriadau oedd yn cael ei bortreadu gan Emlyn Gomer yn cael ei gyfro mewn caca.... dom da.

O'dd e ddim yn beth neis i ddiodde, achos dim ond un peth sy'n edrych fel caca a caca yw hwnnw, felly y cynllun oedd, siwrne bod y caca dros Emlyn, y bydden i'n whipan e draw at yr adran wisgoedd a oedd yn aros yn eiddgar a llawn brwdfrydedd amdano fe mewn carafán fechan wrth ymyl y lleoliad. Ar ôl i Emlyn ddadwisgo'n sydyn a rhoi *dressing gown* 'mlan, mi fydde Llinos wrth ymyl y bws mini yn barod i fynd ag e i'r maes pebyll cyfagos a oedd wedi cytuno i Emlyn ddefnyddio un o'u cawodydd nhw. Trefn, trefn, trefn, bish, bash, bosh.

Roedd y *big-wigs* yn mynd i feddwl pwy ddiawl oedd yr 2il Gyfarwyddwr shit-hot hyn oedd wedi meddwl am bopeth. Ac roeddwn i isie i *big-wigs* S4C fod yn hapus oherwydd os oedden nhw'n hapus, roeddwn inne'n mynd i fod yn hapus hefyd.

Saethwyd golygfa'r caca. Aeth Emlyn draw at y garafán wisgoedd. Newidiodd e mewn i'w *dressing gown*. 'Nes i ei gyfarfod e tu fas y garafán a dangos iddo lle roedd y bws mini.

Yn gwylio'r holl berfformans hyn oedd *big-wigs* S4C a Pauline. Ac roedd y cyfan hyd yn hyn yn berffaith. Yn smyg i gyd es i sefyll wrth ymyl Pauline er mwyn gwylio ffrwyth yr holl drefnu. Wrth i Emlyn gyrraedd drws y bws mini 'nes i wenu ar Pauline. 'Nes i godi llaw ar Emlyn. Estynnodd Emlyn am ddrws y bws mini a gyrrodd Llinos i ffwrdd hebddo fe.

O'n i ddim yn deall. Edrychodd y *big-wigs* ar Pauline. Edrychodd Pauline arna i. Edryches i bobman oni bai am tuag at Pauline. Edrychodd Emlyn tuag ata i wrth imi wylio'r bws mini yn hedfan lawr y llwybr. Mi dynnes i'r *walkie-talkie* allan o 'mhoced yn go sydyn.

"Rhian i Llinos? Llinos?!"

'Wi'n gwbod o'dd neb fod iwso *walkie-talkie* a gyrru ond roedd yr achlysur yma'n un arbennig.

"Llinos, lle ti'n mynd?"

Tawelwch.

Deg munud yn ddiweddarach, cyrhaeddodd Llinos yn ôl. Es i draw ati. O'n i ddim yn hapus.

"Llinos, lle est ti, o'dd Emlyn yn aros amdanat ti!"

"Nesh i weld y golwg ar Emlyn a do'n i ddim am neud llanast yn y bws mini felly es i nôl *bin bags* i roi ar y seti."

Llinos 1 – 0 Rhian

Llinos, os 'nes i roi unrhyw *stick* i ti 'wi'n ymddiheuro o waelod fy nghalon. Pan 'wi'n tyfu fyny, ac mi ddigwyddith hynny rywbryd, 'wi isie bod mwy fel ti.

Roedd pob eiliad ar y cynhyrchiad yma yn bleser pur. Roedd hwn heb os yn clico. Hyd yn oed pan droiodd y boi stynts i fyny i neud siots gyrru a dim ond saith bys oedd gydag e, oedd yn wahanol i'r deg o'dd 'da Emlyn. Actorion gwych. Sgript oedd yn gwneud synnwyr. Y lleoliad mwya bendigedig yng Nghymru os nad y byd. Rhywbeth i bawb. Wrth reswm felly, fe benderfynodd S4C na fydde ail gyfres, gan brofi ein bod ni fel Cymry yn ofni llwyddo fwy nag y'n ni'n ofni methu.

PENNOD 10

BRANDI

Wedodd Cilla Black wrtha i unwaith ar gwrs Ioga: "Pryd wyt ti'n mynd i symud 'mlan, *chuck*?"

"Cilla," wedes i, "I'm on it like a car bonnet."

Roeddwn i wedi mwynhau gweithio fel Ail Gynorthwyydd Cyfarwyddo ond roedd yr ysfa i symud 'mlan yn ormod, a phan ges i'r cynnig i weithio fel Cyfarwyddwr Cynorthwyol Cyntaf, yn hytrach na bod yn gall a dweud "Diolch yn fawr am y cynnig ond sai'n barod", 'nes i weud "Ie plis, pryd y'ch chi isie i fi ddechre?" 'Wi'n dal fel'na heddi. "'Na i neud e. Beth yw e?" Weithie, mae isie bod yn gall mewn bywyd ond 'wi wastad wedi rhuthro. Roeddwn i'n meddwl y bydde mwy o gyfrifoldeb yn fy ngwneud i'n hapus ac roeddwn wir nawr isie bod yn hapus.

Roedd hwn yn gamgymeriad enfawr oherwydd er 'mod i ar yr wyneb yn llawn hyder, o dan yr wyneb roedd y diffyg hyder yn cydio. A chyn i rywun arall ei weud e, 'wi'n mynd i gyfaddef bod pobol lot gwell 'na fi yn y maes 'ffyrstio'. 'Sdim lot o glem technegol gyda fi. 'Wi rywle rhwng derbyniol ac olreit, ond 'wi'n angerddol ac yn frwdfrydig a wastad yn ffyddiog wrth ffilmio bod pob prosiect yn mynd i lwyddo a dyma'r peth gorau a welwyd ar deledu erioed, a hyd y gwn i dyna pam bod cwmnïau yn fy nghyflogi i. Dychmygwch 'yn ddiléit i, felly, i ddarganfod mai *Tair Chwaer* fydde fy nghynhyrchiad cyntaf yn y rôl yma. O'r darlleniad cyntaf o'r sgript roeddwn i'n gwbod bod y cynhyrchiad hwn yn mynd i fod yn sbesial. Stori'r gyfres oedd tair chwaer a oedd yn byw rhywle ym mherfeddion Cwm Gwendraeth ac yn delio gyda bywyd a dynion, ac ar ben hynny yn canu'n fflipin briliant am eu holl brofiadau.

Wel sôn am glico. Siwan Jones oedd yr awdur. Os odych chi wedi gwylio a mwynhau unrhyw ddramâu sydd wedi eu darlledu ar S4C dros yr ugain mlynedd dwetha a mwy, rhyw ben, wir nawr, ry'ch chi wedi bod yn joio rhywbeth mae Siwan Jones – neu Dame Siwan Jones fel 'wi'n ei galw hi – wedi sgrifennu. I fi, roedd y gyfres yma gystal â'ch *Boys from the Blackstuff* neu *Happy Valley*. Ry'n ni bobol teledu a ffilm yng Nghymru yn dda iawn am ddilyn beth ma' pobol eraill yn neud. Dwyn syniadau o dros y bont, neu o gyfandir gwahanol, gwneud rhyw *tweaks* bach ac yn sydyn reit 'co fe ar ein sgrin. A sai'n gweld bai ar unrhyw un am neud hynny. Wedodd Paul McCartney wrtha i unwaith: "Wyth nodyn sydd mewn octef, Rhian bach, ond fod e'n cael ei wneud gystal ac o bosib yn well". Mae Siwan, yn fy marn i – a mawredd mawr, 'sdim dishgwl i chi gytuno gyda fi – yn un o'r unig rai sy'n creu gwaith sydd yn hollol unigryw i ni. 'Wi'n nabod y cymeriadau sydd yn llenwi tudalennau ei sgript hi ac nid oherwydd 'mod i wedi eu gweld nhw ar ITV neu SKY. Ie, hwn oedd y tro cyntaf imi weithio ar gyfres yn yr iaith Gymraeg oedd yn well nag unrhyw beth ar deledu Prydeinig ac roeddwn i'n browd iawn o fod yn rhan ohono fe.

Odych chi'n cofio fi'n sôn ynghynt am y *swingometer* yn fy mhen? Roedd hanner ohona i'n meddwl 'mod i wedi ennill y Loteri, cal cap dros Gymru a rhan yn sioe gerdd *Mamma Mia* a hynny yn y West End, ac nid yn Llandudno. Fi fydde'r Cyfarwyddwr Cynorthwyol Cyntaf gorau fuodd erioed. Bydde

Martin Scorsese yn hedfan fi mas i Los Angeles er mwyn dysgu Cyfarwyddwyr Cynorthwyol Cyntaf yn fan'na shwt i neud eu jobsys nhw yn iawn. Fi (gyda help Siwan Jones, wrth gwrs) fydde achubiaeth S4C. Roedd yr hanner arall ohona i yn cachu planciau fy mod i'n mynd i adael Siwan lawr, gadael y cynhyrchiad lawr, gadael y gynulleidfa lawr. Ydych chi yn dechre deall nawr am y bali *swingometer*? Yr her felly, ac sydd i raddau helaeth yn wir hyd heddi, oedd hwylio rhywle rhwng y ddau begwn, fel na'th Nick Clegg pan dderbyniodd e swydd Dirprwy Brif Weinidog Prydain yn y flwyddyn 2010 (ac os wyt ti'n darllen hwn Cleggy, 'wi'n dal heb faddau i ti, olreit??).

'Wi wastad wedi bod fel hyn ond roedd mwy o arwyddocâd i'r *Tair Chwaer* oherwydd roedd y gyfres yma yn sbesial. Pan ma' dwy funud gyda chi cerwch i whilo amdano fe. Yn amal ar gynyrchiadau mae elfennau gwan ac elfennau cryf, ac mae pawb yn gweddïo y cewch chi'r balans yn iawn. Ar hwn roedd pob dim yn berffaith – o'r cynhyrchu i'r sgript i'r perfformiadau, a phawb yn ymwybodol eu bod yn creu rhywbeth unigryw, gyda'r geiriau yn pingan o'r dudalen i'r sgrin. Uchafbwynt fy ngyrfa, heb os.

Roedd y cast yn anhygoel, ac actorion fel Donna Edwards a Sharon Morgan yn feistri ar gyfleu'r hyn sydd yn wir am fywydau pawb, a bod y llon a'r lleddf yn amal yn cyd-fyw, a'i bod hi'n naturiol bod aelodau o'r un teulu isie crogi ei gilydd un eiliad a'r eiliad wedyn yn rhoi hyg iddyn nhw. Dyna beth yw cariad. A dyna o beth 'wi'n ei ddeall yw bod yn chwiorydd.

Grav

Fel corwynt barfog yng nghanol yr holl ddrama, roedd Ray Gravell. Os odych chi wedi bod mewn coma neu mewn carchar yn Thailand am smyglo cyffuriau neu werthu DVDs *Y Brodyr Bach* cyfresi 1-6 ar strydoedd Bangkok, roedd Ray Gravell yn chwarae rygbi i Lanelli, i Gymru ac i'r Llewod. Mae'n anodd i fi esbonio heb fod yn orsentimental beth roedd Ray yn ei olygu i fi. Roeddwn wedi ei wylio fe ddwsinau o weithie lawr ar Barc y Strade. Fel côr llawn cynnwrf, roedd cefnogwyr y Sgarlets wedi bloeddio ei enw a finne *slap bang* yn eu canol nhw. Roeddwn wedi gofyn i Siôn Corn sawl tro am grys gyda'r rhif 13 ar y cefn. Ges i erioed y crys ond ges i gyfle i dreulio amser gyda'r cawr yn ystod ffilmio *Tair Chwaer*.

Yr hyn synnodd fi fwya oedd pa mor nerfus oedd Ray ar y set. Galla i ddeall bod sefyll o flaen camera ar set cynhyrchiad teledu neu ffilm yn brofiad dychrynllyd ar brydiau. Ar yr adegau 'nny 'wi wedi mentro fy hunan o flaen y camera, 'wi wedi ishte mewn stafell dywyll wedi 'nny a bwyta chwe Curly Wurly.

Dychmygwch eich bod chi'n cyrraedd rhywle 'chi erioed wedi bod o'r blaen, ac ma' pobol dych chi ddim yn nabod yn neud i chi wisgo dillad dych chi erioed wedi gwisgo o'r blaen, cyn eich anfon chi i mewn i stafell lle mae tri deg o bobol isie i chi neud be chi fod neud cyn gynted â bo modd fel bo' nhw'n gallu mynd i gael cinio ar yr amser iawn. Roedd pawb yn dwlu ar Ray. Roedd e'n gwbod ei linellau. Roedd e'n bwrw ei farc bob tro. Ond eto, ar ôl pob cynnig, mi fydde Ray yn holi, "O'dd hwnna'n olreit?" A bob tro mi fyddwn i'n gweud wrtho fe "Wrth gwrs o'dd e yn olreit." "Ti'n siŵr?" bydde fe'n gweud. "Ray," bydden i'n gweud, "'Se'r cyfarwyddwr ddim yn hapus bydde fe wedi gweud wrthot ti."

Ond doedd hi ddim yn hawdd lleddfu amheuon Ray. 'Wi'n cofio rywdro i fi wrando ar Ray yn esbonio ei fod yn poeni ei enaid nad oedd ei berfformiad yn ddigon da, a finne'n holi a fuodd e mor nerfus â hyn cyn rhedeg allan ar gae rygbi, ac ynte'n cyfaddef imi ei fod e wedi ishte yn 'fag o nerfau' sawl tro ar y tŷ bach – yn poeni ei fod yn mynd i adael pawb lawr.

'Nes i erioed feddwl mai'r person oedd gen i fwya yn gyffredin 'da nhw ar set oedd arwr ansicr o'r enw Ray Gravell.

Aaaaatishwww

Fel y'ch chi'n gwbod, roeddwn yn gweithio ar y gyfres *Tair Chwaer* fel Cyfarwyddwr Cynorthwyol Cyntaf ac yn gwneud hynny fel gweithiwr llawrydd. *Freelance*. Beth mae hyn yn ei olygu yw eich bod chi:

1. Yn gorfod fod yn dda yn cynilo arian oherwydd eich cyfrifoldeb chi yw gwneud yn siŵr, ar ôl jolihoitan a phrynu pethe neis ac yfed lot o *fizz*,. eich bod chi wedi rhoi digon o arian yn y banc er mwyn talu'r bobol treth neis 'na ar ddiwedd mis Ionawr. 'Wi'n well yn sgio dŵr nag ydw i yn safio arian a 'wi erioed wedi sgio dŵr.

2. Os y'ch chi'n sâl a dych chi ddim yn gallu mynd i'r gwaith dych chi ddim yn cael eich talu, yn enwedig os y'ch chi ganol ffilmio, oherwydd os nad y'ch chi'n gallu neud eich jobyn neith y bosys ffindo rhywun arall fydd yn gallu neud e. Roedd hyn yn hala fwy o ofan arna i na bod yn sâl, oherwydd y peth dwetha chi isie yw bod y cwmni cynhyrchu yn galw mewn rhywun sydd yn well na chi. Ddwy flynedd yn ôl 'nes i gwmpo dros wal ar gynhyrchiad ac roedd pawb, gan gynnwys fi a'r boi cymorth cyntaf, yn ffyddiog 'mod i wedi torri fy mraich, ond roedd yn rhaid i Lleucu y Rheolwr Cynhyrchu lusgo fi oddi ar y set. Dychmygwch bo' chi'n chwarae pêl-droed i Aberystwyth FC ac ry'ch chi'n gorfod mynd oddi ar y cae ac mae Ronaldo yn cymryd eich lle. Cyn i chi droi rownd mae Ronaldo wedi prynu tŷ ar y ffrynt yn y Borth a dych chi byth yn mynd i chwarae i Aberystwyth FC eto.

Felly, fan'na oeddwn i ar leoliad gyda *Tair Chwaer*. Roeddwn i'n teimlo'n uffernol. Chi'n gwbod pryd ma'ch ymennydd chi fel gwlân cotwm ac mae pob dim yn digwydd yn araf bach fel bo' chi dan y dŵr? Roeddwn i'n gwneud fy ngorau i beidio peswch dros y brif actores, Donna Edwards, oherwydd hebddi hi doedd dim cyfres gyda ni. Ond na, o'n i ddim yn mynd adre, diolch yn fawr i chi. Da'th Ray i fyny ata i.

"Shwt ti'n teimlo?"

'Nes i drial ei berswadio fe 'mod i'n teimlo'n olreit ond do'dd dim lot o sŵn bellach yn dod allan o 'ngheg i ac roedd y ddwy *nostril* fel dau dap dŵr.

"Cer gatre heno ac yfa hanner botel o brandi," medde fe.

"Odi hwnna'n mynd i gael gwared o'r annwyd?" medde fi yn obeithiol.

"Nag yw, ond 'nei di anghofio amdano fe."

PENNOD 11

Y TEULU

Nawr 'te, cyn mynd ymhellach, well i fi ddweud ychydig am y teulu neu mi fyddan nhw'n pwdu. 'Wi'n cofio o'dd dim hawl gwylio ITV ond roedd y BBC yn olreit. O'dd ddim hawl gwylio *Coronation Street* ond roedd hawl gwylio *Crossroads*, sydd dal ddim yn neud synnwyr achos roedd y ddau ar ITV, ond roedd Mam yn caru *Crossroads* ac mi ddylie bod eithriad i bob rheol.

'Wi'n cofio roedd Dad a Mam yn gweithio yn rhy galed ond roeddwn i hefyd yn sylweddoli eu bod nhw'n gwneud hynny er mwyn rhoi pob cyfle yn y byd i ni'r plant. 'Wi'n cofio glanhau'r tŷ cyn bod y lanhawraig yn cyrraedd. Roeddwn i'n meddwl bod hyn yn hurt ar y pryd ond 'wi bellach wedi sylweddoli na fydda i'n *domestic goddess* ac felly mae glanhawraig yn dod i'r tŷ bob pythefnos. A chi'n gwbod be? 'Wi'n glanhau'r tŷ cyn iddi gyrraedd.

'Wi'n cofio Dad a Mam a finne yn mynd lawr i stondin *Pick 'n' Mix* Woolworths Gaerfyrddin ar ôl gwaith ar brynhawn Sadwrn. 'Wi'n cofio gwylio'r *Addams Family* cyn cinio dydd Sul a brechdanau caws a jam yn y prynhawn. 'Wi'n cofio roedd hawl i bob un ohonon ni fynegi barn a 'wi'n cofio wherthin lot. Rydym hefyd fel teulu yn dueddol o gychwyn un sgwrs ond yn y canol newid i siarad am rywbeth hollol wahanol.

Roedden ni'n deulu hollol gyffredin – os odi cael aelod o'r

teulu yn delynores broffesiynol ac yn perfformio mewn lot o gyngherddau yn gyffredin. Odych chi erioed wedi cario telyn? Naddo? Trïwch e. Weden i bod cario telyn yn fwy cymhleth na'i chanu hi, ond peidiwch gweud wrth Mam bo' fi wedi gweud y fath beth. Mae'n grefft rhaid ei pherffeithio oherwydd os gadwch honna i gwmpo, man a man i chi symud i blaned Pluto achos dych chi ddim isie perchennog y delyn gael gafael arnoch chi. Dychmygwch gario *Ming vase* lletchwith o gwmpas y wlad. Diolch byth felly bod Dad a finne wedi meistroli'r grefft. Ni oedd Torville a Dean y byd cario telynau. Er, ar brydiau, wrth ei chario hi fyny grisiau cul diddiwedd mi 'nes i freuddwydio bod Mam yn rhoi'r gorau i'r delyn ac yn cychwyn canu'r *piccolo*. Ond ar ôl cael fy swyno am y canfed tro gan ddoniau cyfriniol Mam ar y Delyn, nid oedd gwadu bod yr offeryn a Mam yn perthyn i'w gilydd fel halen a phupur.

Yr her cyn cario'r delyn oedd cael y car delfrydol i gludo Mam a'i hofferyn o un neuadd i'r llall. Nid oedd hyn yn hawdd. Diolch byth am y Maxi. Car yw'r Maxi. Dydyn nhw ddim yn neud nhw mwyach ond ar y pryd roedd yn rhaid iddo neud y tro oherwydd sai'n meddwl oedden ni gallu fforddio Volvo Estate ac nid oedd y 4x4s na'r SUVs bondigrybwyll yn bodoli bryd hynny. Odw, fi'n casáu 4x4s. Sai'n eu casáu nhw bob un. Os ydych chi'n byw ar ffarm tu fas Cilgerran ac angen cario defaid i'r mart bob yn ail ddydd Llun, clatshwch bant. Os ydych chi'n ei ddefnyddio fe i yrru eich plant Meilyr a Tanwen i wersi Catalaneg ganol y ddinas, PRYNWCH GAR LLAI.

Roedd Mam, Dad, fi a'n ddwy whar a thelyn a dau gi yn medru ffitio mewn i'r Maxi, ac roedd y Maxi fwy neu lai maint bocs o Coco Pops. A chyn dyddiau sat-nav doedd dim syniad gyda ni'r plant i ble roedden ni'n mynd na pha mor bell oedd e, ond roedden ni'n gwbod ein bod ar fin cyrraedd pan oedd Mam yn tynnu'r Elnett (chwistrell gwallt drud) allan a *whooooooooosh*. Os roedden ni'n ddigon sydyn bydde hen ddigon o amser i ni'n tair gau ein llygaid ond roedd y cŵn yn *buggered* a bydden ni'n *sticky* am ddyddie wedyn. Ond roedden ni'n joio mas draw ac yn gallu cofio pob un o'r cyngherdde 'nny.

Mae Merys yn byw yn Rotherham. Mae Eryl yn byw yn Sydney.

Ers i Eryl symud i Awstralia 'wi wedi ymweld â hi bymtheg o weithie. Dros y pymtheg mlynedd ddwetha fi wedi ymweld â Merys tua phump o weithie. *Yep*. Mae Merys yn credu fwy neu lai pob gair 'wi'n ei ddweud. Mae Eryl yn amau fwy neu lai popeth 'wi'n ei ddweud. Wele enghraifft o hynny, a wedyn a' i'n ôl at Mam a Dad.

Alan Dale? Oes rhywun wedi gweld Alan Dale?

Roeddwn i wedi derbyn ebost oddi wrth gwmni oedd yn whilo am lety i berfformwyr a thechnegwyr oedd yn dod yn ysbeidiol i Gaerdydd gyda'r sioeau mawr. Roedd yr arian yn dda, a chi'n gwbod shwt odw i am sioeau cerdd, a bydde fe neu hi allan drwy'r nos ac yn cysgu drwy'r dydd felly fydden i byth yn gweld nhw, a phan fydden i yn gweld nhw mi fydde croeso mawr iddyn nhw ganu o gwmpas y tŷ.

Wel, pan dda'th ebost personol oddi wrth Alan Dale, dechreuodd 'yn *loins* i chaffo. Pam oedd yr enw mor gyfarwydd? Alan Dale! 'Nes i holi fy nghyfaill busneslyd Mr G. Oogle yn syth, a wir i chi, roedd fy ngreddf yn gywir. Alan Dale oedd y prif actor yn y ffilm *Digby the Biggest Dog in the World*.

Falle fod y ffilm hon ddim yn golygu lot i chi. Falle'ch bod chi hyd yn oed heb glywed amdani hi ond ma' fe'n bwysig iawn i fi. Oherwydd pan ga'th Merys ac Eryl fynd i weld *Grease* yn y sinema yn Llanelli, a'th Mam a fi i weld *Digby the Biggest Dog in the World*. O'dd ots 'da fi? Wrth gwrs o'dd fflipin ots 'da fi.

A phan ddaeth Merys ac Eryl allan o'r sinema a gweud bod y ffilm yn ffantastig a bod John Travolta y peth gorau ers Arctic Roll, do'dd dim ots 'da fi achos ro'n i newydd weld ffilm am Digby y ci mwya yn y byd.

Syndod shwt mae'r rhod yn troi. Roedd ffawd wedi dod ag Alan Dale i fy nghartref i, ac i goroni'r cyfan roedd yn perfformio yn fy hoff sioe gerdd ar y pryd, sef *Wicked*. 'Nes i gychwyn ysgrifennu ebost ato fe i ddweud 'croeso mawr' ond siom ac anffawd – sylweddolais mai Jim Dale oedd yn Digby, nid Alan Dale. Och a gwae!

Ond dal sownd. Er mai Jim Dale oedd yn y ffilm, roedd yr enw Alan Dale yn canu cloch hefyd. Yn ôl i whilo ar y we, a chi'n gwbod llun pwy dda'th lan? Jim Robinson o *Neighbours*. Chi'n cofio Jim. Tad Charlene.

O'dd pawb yn dwlu ar Jim Robinson. Hales i dair blynedd yn coleg yn rhuthro'n ôl ac ymlaen i Bantycelyn rhwng darlithoedd er mwyn dala *Neighbours* ar y teledu. A nawr roedd Jim o *Neighbours* yn dod i aros gyda fi yn Canton.

Roedd wedi ymddangos ar ddwsinau o raglenni teledu llwyddiannus fel *Lost* a *The West Wing* a *Tipyn o Stad* ac roedd e bellach yn byw mewn tŷ neis ar gyrion Los Angeles.

'Nes i ebostio ffrind gorau newydd fi, Alan Dale, i gadarnhau bod croeso mawr iddo. Fy mwriad oedd mynd dros ben llestri a phrynu blodau ffresh i'w stafell e yn ddyddiol a rhedeg e'n ôl a 'mlan i Ganolfan y Mileniwm – roeddwn i wedi cael digon o bractis ar Cyfle, ac ar ddiwedd y cyfnod mi fydde'n crio achos bod e ddim isie gadael a chyn mynd bydde fe'n rhoi'r hyg mwyaf i fi ac yn dweud, "Rhian, my beautiful Welsh daffodil, you have done so much for me. There is no way in this lifetime or any other that I can possibly repay you for all the love and humbling grace you have showered upon me, but the least I can do is to fly you out to Los Angeles first class so that I can repay the favour and offer you MY home for a change."

Ddangosodd 'yn ffrindie i ddim lot o ddiddordeb yn y ffaith bod Jim Robinson o *Neighbours* yn dod i aros. Eiddigedd, siŵr o fod.

Roedd fy chwaer yn dod o Awstralia ac roedd Alan Dale yn dod o Awstralia felly 'nes i ffonio hi i weud am 'yn lojyr newydd.

"Hei, Eryl, gesa pwy sy'n dod i aros gyda fi?"

O'n i mor falch o'n i bron â bwsto.

Dechreuodd Eryl ddyfalu pwy ond roedd hyn yn mynd i gymryd achau ac roedd yr alwad ffôn yn mynd i gostio ffortiwn felly 'nes i dorri ar ei thraws.

"Jim o *Neighbours.*"

Tawelwch.

"Helô, Eryl?" medde fi.

"Why?" medde hi.

Am gwestiwn od. Do'dd neb wedi gofyn hwnna o'r blaen.

"Ma' *Wicked* yn dod i Gaerdydd a ma' fe'n cymryd rhan."

Dechreuodd Eryl esbonio ei bod newydd weld y sioe ond o'n i ddim isie clywed faint o'dd hi wedi joio a lle oedd ei seddi hi. Stori FI oedd hon.

"Eryl. Ma' Jim o *Neighbours* yn dod i aros 'da fi. Nagyw e'n ffantastig!"

Dros yr wythnosau nesa 'nes i hwfro mannau yn y tŷ na welodd hwfer erioed o'r blaen. Ac wrth i'r diwrnod y dylai gyrraedd agosáu dangosodd Eryl fwy a mwy o ddiddordeb.

"Pwy gysylltodd gyda ti?" medde hi.

"Alan. Na'th e hala ebost!"

Gofynnodd hi pam mai Alan ac nid ei asiant drefnodd ar ei ran e? Roedd y boi yn actor *A-List*. Wedes i ei fod e siŵr o fod isie neud y pethe hyn ei hunan yn hytrach na chael pobol yn ffysan drosto fe drw'r amser.

Soniodd Eryl bod Alan wedi bod yn fishi uffernol a newydd ymddangos yn y ffilm *Captain America* a *The Winter Soldier*. O'n i ddim yn deall beth oedd ei phwynt hi. A'th hi 'mlan i amau nad yw rhywun bishi fel Alan Dale gan amla yn troi lan mewn sioeau cerdd yng Nghaerdydd a 'nes i bwyntio mas iddi bod ddim isie mynd i'r West End bellach i weld y perfformwyr gorau yn ymddangos yn y sioeau gorau, ac na ddylie neb edrych lawr ar Gaerdydd oherwydd roedd Cymru bellach ar fap y byd o ran miwsicals.

O'n i yn dechre colli tymer gyda'r holl gwestiynau yma. Beth oedd y broblem? Pam nag oedd bobol yn gallu bod yn falch drosta i? Oedd pawb yn meddwl 'y mod i'n hollol dwp?

Yn y cyfamser ges i ebost gan Alan:

"Dear Rhian. Thank you so much for allowing me to stay with you whilst we are in Cardiff. I am very much looking forward to meeting you and your dog."

O'n i wedi gweud wrtho fe am Bwda, rhag ofn bod alergedd gydag e a bydde fe'n colli ei lais a bydde'n rhaid iddyn nhw gau'r sioe a bai fi bydde fe i gyd.

Wedes i wrth Eryl am yr ebost a'i fod e'n swnio'n lyfli. Wedodd Eryl ei bod hi wedi edrych ar y cast oedd yn teithio gyda *Wicked* a bod dim sôn am Alan Dale – na Jim Robinson – yn chwarae rhan y Dewin.

O'dd e ddim isie ffŷs, medde fi. Holodd Eryl pam nad oedd sbloets fawr am Alan Dale yn dod i Gaerdydd? Roedd lot o bobol oedran fi oedd yn lico sioeau cerdd ac yn ddigon hen i gofio ei gyfnod e yn *Neighbours*. Grrrrrrr. Eto, yr holl amheuon? Doedd hyn ddim yn deg. A oedd Eryl yn awgrymu'n dawel fach nad oedd fy nhŷ i yn ddigon da i Jim o *Neighbours*? Roedd Delyth "Mae Dad fi yn reito *poems*" Wyn wedi aros yn y tŷ ac roedd hi wedi bod yn *Pobol y Cwm* ac yn fy marn i roedd y ddwy sebon gystal â'i gilydd, ac os oedd unrhyw un yn haeddu lle yn Hollywood, wel Delyth Wyn oedd honno, nage Alan fflipin Dale.

Roeddwn i'n mynd i ysgrifennu ebost at Alan a sorto hyn mas unwaith ac am byth.

"Dear Alan, I'm really looking forward to meeting you and welcoming you to my humble home ('nes i ddim rhoi *humble*). May I just ask which role do you portray in the Cardiff Production of *Wicked*?"

Reit. Amser i Eryl stwffo ei chast list lan ei...

Da'th yr ebost yn ôl yn syth bin.

"Hi Rhian. Alan here. I'm the drummer."

Siom, siom, siom. Es i weld y sioe ta beth achos fi'n caru sioeau cerdd. Mae Sharon/Gaynor yn gweud bo' fi'n, a 'wi'n dyfynnu man hyn:

"A gay man trapped in a woman's body."

Ond galla i ddim help. 'Wi'n caru sioeau cerdd. 'Wi'n caru Barbara Streisand. A 'wi'n caru Steps. Roeddwn wedi bod draw yn Awstralia am dri mis yn trial penderfynu as oeddwn i isie byw yn Awstralia a wedyn 'nes i benderfynu bo' fi isie byw yng Nghaerdydd. Daeth Merys fy chwaer i fy nôl i o Heathrow. Sai'n meddwl o'dd Merys yn cofio bod y cyfryngau yn bodoli yn Awstralia ac felly dechreuodd hi restru'r holl bethe ofnadwy oedd wedi digwydd yn y byd ers imi fynd i ffwrdd. Dechre blwyddyn 2002 ac roedd Merys yn llawn newyddion da.

"Ma' Pacistan ac India wedi cwmpo mas."

"Fi'n gwbod," medde fi.

"Nath rhyw foi roi bom yn ei esgid ar awyren."

"Fi'n gwbod," medde fi.

"Ma' Steps wedi sblito."

"Beth?" Aeth y coffi oedd yn fy llaw i dros *dashboard* y car a ffenest gefen y car o'n blaenau ni. Pa gelwydd oedd hon yn gweud nawr?

"Be ti'n feddwl ma' Steps wedi sblito?"

Chi'n deall beth ma' Sharon yn weud? Dyn hoyw mewn corff menyw.

Yn ôl at y teulu

Ta beth, rhyw benwythnos aeafol daeth Merys gatre o Rotherham. Ar y pryd roedden ni'n byw ym Mhontargothi, hen dŷ Mam-gu. Llwyddiant ysgubol arall i Mam a Dad o ran dod o hyd i gatre lle roedd hi'n oerach tu fewn nag oedd hi ym Moscow ganol gaeaf. Mae Merys wastad wedi bod yn fwy crefyddol na fi, oedd yn grêt achos o leia oedd un ohonon ni wedi troi mas yn olreit. Fel arfer roedden ni'n gwylio *Bullseye* ar nos Sul ond roedd Merys gatre, felly *Songs of Praise* amdani.

Roeddwn yn ymwybodol bod y teledu ymlaen ond oni bai am Merys doedd neb yn cymryd fawr o sylw o'r bocs yng nghornel yr ystafell. Roedd Dad yn rhochian ar y soffa ac roedd Mam yn darllen cylchgrawn y *Sunday Times*.

Daeth emyn i ben. Roedd Merys yn eistedd ar y llawr o flaen Mam. Roedd digon o gadeiriau ond roedd pawb yn trial eistedd mor agos i'r tân ag oedd yn ddynol bosib er mwyn cadw'n gynnes ac roedd hynny'n golygu fwy neu lai eistedd yn y tân. Roedd llosg yn bris bychan i'w dalu am osgoi dala hypothermia. Roedd Merys wrth ei bodd gyda'r emyn ac mi drodd i edrych at Mam.

"Wasn't that lovely?" medde Merys.

Fi yw'r unig aelod o'r teulu sydd wedi cael addysg gynradd ac uwchradd drwy gyfrwng y Gymraeg, felly rydyn ni wastad wedi siarad reis a sglodion adre, hanner Cymraeg hanner Saesneg.

Nath Mam ddim hyd yn oed codi ei phen.

"Mam?"

Dim.

Mae Merys wastad wedi bod yn benderfynol.

"Did you enjoy that hymn?"

O'r diwedd ymatebodd Mam.

"Oeddech chi'n gwbod bod Wil Carling ffili croesi ei goese?"

Nag oeddwn, Mam, ond diolch am rannu.

Sôn am groesi coese...

Mae Mam a Dad wastad wedi bod llawn syrpreisys. Roeddwn wedi dod adre o'r coleg am benwythnos i ddangos i Mam a Dad bo fi'n caru nhw ac yn gwerthfawrogi bob dim roedden nhw wedi ei wneud drosta'i ar hyd y blynyddoedd. Neu, fel roeddwn i yn ei alw fe – detox. Roedd Mam a Dad newydd gael Sky Movies ac roedden nhw wrth eu boddau yn gwylio ffilmiau gyda'i gilydd ar benwythnosau, ac wrth i mi ymuno gyda nhw ac eistedd yn y stafell fyw roedd y ddau wedi dechrau gwylio ffilm newydd. O fewn eiliadau roeddwn wedi adnabod beth oedden nhw'n gwylio.

Roeddwn wedi ei weld e yn y sinema. *Basic Instinct*. Yr un lle mae Sharon Stone yn croesi ei choese. Hunllef.

Diolch byth, roeddwn i'n gwbod pryd roedd y darnau *kissy kissy* chi ddim isie gwylio gyda'ch rhieni yn dod, ac felly pob tro

roedden ni'n cyrraedd un ohonyn nhw roeddwn i'n saethu cant a
mil o gwestiynau at Mam a Dad.

"Shwt ma'r busnes? Odi'r siop wedi bod yn fishi?" medde fi.
Fawr o ymateb.

"O'dd petrol yn y car?"

Roedd Dad yn rhyw fwmblan ateb ond roedd y ddau wedi
ymroi yn llwyr i'r ffilm. Wel, roeddwn i'n chwysu fel pengwin ar
y Costa Blanca ganol Gorffennaf. Roedd y profiad yma yn mynd
i effeithio arna i byth mwy. Ac yna gofynnodd Mam wrth Dad,

"Nag y'n ni wedi gweld hwn o'r blaen?"

"Odyn," medde Dad.

O fan'na ymlaen 'nes i checko beth oedden nhw'n gwylio CYN
eistedd.

Roedd Dad yn dwlu ar jôcs. Hon oedd un o'r rhai ola wedodd
e wrtha i ac oherwydd hynny, wele fy hoff jôc erioed:

Dyn yn galw yn swyddfa'r Carmarthen Journal *(ma' hawl
'da chi i cut a paste hwn ar gyfer eich papur lleol chi, os o's
papur lleol dal i fodoli lle chi'n byw), ac yn gofyn i'r fenyw
yn y dderbynfa a oes modd rhoi hysbyseb yn y cyhoeddiad
nesaf. Mae hi'n estyn darn o bapur a beiro iddo ac mae'n
esbonio mai'r gost yw tri gair am bunt. Ma' fe'n diolch iddi
ac yn mynd at y bwrdd yng nghefn y swyddfa i gyfansoddi ei
hysbyseb.*

*Mewn ychydig funudau mae'n estyn y darn o bapur i'r
fenyw sydd yn darllen y geirie: 'Beryl wedi marw.' Mae'r
dderbynwraig yn holi pwy yw Beryl ac mae'r dyn yn esbonio
mai Beryl oedd ei wraig a'i bod hi wedi marw dros y
penwythnos. Mae'r dderbynwraig yn teimlo'n ofnadwy drosto
fe ac yn holi a yw e isie ychwanegu at yr hysbyseb.*

Mi fydde'n gwneud, medde fe, ond dim ond punt sydd

gydag e. Mae'r dderbynwraig yn dweud wrth y dyn i aros le ma' fe tra'i bod hi'n esbonio'r sefyllfa wrth olygydd y papur. Mewn munudau mae'n dychwelyd. Mae'r dderbynwraig yn esbonio bod y golygydd wedi cytuno i roi tri gair ychwanegol i'r dyn am ddim, ac mae hi'n estyn y papur a'r beiro yn ôl iddo fe. Mae ynte'n diolch iddi ac yn dychwelyd at gefn y swyddfa i ychwanegu at yr hysbyseb wreiddiol. Ymhen ychydig mae'r dyn yn estyn yr hysbyseb ar ei newydd wedd:

"Beryl wedi marw. Fiesta ar werth."

PENNOD 12

PAN MAE'R AMRYLIW YN TROI'N DYWYLL

Ar ôl *Tair Chwaer* 'nes i weithio ar dros dri deg o gynyrchiadau. Fel wedes i'n gynharach – cadw'n fishi. Gyda'r hwyr roeddwn i'n mynd allan ac yn yfed fel ffŵl er mwyn osgoi mynd gatre, oherwydd yn fan'na roedd y bwganod yn cael gafael yndda i. Ac yn ystod y dydd, gweithio ar lot o bethe, dim ots beth oedden nhw – dim ond i mi gadw'n fishi. Roeddwn wedi colli fy hyder yn llwyr o ran 'ffyrstio'.

'Sdim ots pa mor grêt roedd diwrnod wedi mynd, roeddwn i'n mynd i'r gwely yn benderfynol bod y diwrnod wedyn yn mynd i fod yn well ac mae'n amhosib cadw hynny i fynd. Roedd y pwysau roeddwn i'n ei roi ar fy hunan yn anhygoel ac yn feistr llwyr arna i.

Mi 'nes i felly groesi draw i'r ochor arall, ac at adloniant ysgafn. Roedd y cyfan oll yn newid enfawr i'r system. Roeddwn yn treulio canran fawr o fy amser yn gweithio mewn swyddfa. Roeddwn i'n gweithio oriau call. Naw tan bump, ond roedd hyn dim ond yn golygu mwy o amser i hel meddylie. Sut oedd y bwganod yn mynd i ymdopi o dan y drefn newydd?

A wedyn, newidiodd pob dim. Roedd Dad yn dioddef o *leukemia*. Do'n i ddim yn deall. Doedd Dad byth yn sâl. Annwyd o dro i dro a hwnnw'n troi mewn i'r *man flu* ryfedda, ond dim byd mawr.

Ond roedd hyn yn ddifrifol. Roedd yr ysbyty wedi sôn am drawsblannu mêr yr esgyrn – *bone marrow*. Y syniad oedd bod y trawsblaniad yn rhoi cyfle i system imiwnedd Dad ymladd yn erbyn yr holl bethe oedd yn ymosod ar ei gorff e ac yn peri iddo fe wanhau o flaen ein llyged. Llygedyn o obaith, felly. Ond wedyn, penderfynwyd peidio gwneud hynny. Anfonwyd Dad gatre. Ar y pryd 'nes i gymryd hyn fel arwydd da. Roedd yn rhaid ei fod e'n gwella. Beth 'nes i ddeall yn ddiweddarach oedd mai ei anfon e gatre i farw oedden nhw.

Roeddwn wedi camddeall cyd-destun y frawddeg yn gwmws fel 'nes i gamddeall beth wedodd y dyn yn yr arholiad llafar cerdd.

Roeddwn yn flin bod yr ysbyty wedi gwrthod rhoi'r cyfle yma iddo fe, a diolch byth fod Elin yn barod i wrando. Wedes i'r cwbwl wrthi. Chi'n gwbod weithie chi jest isie siarad gyda rhywun? Dych chi ddim o reidrwydd isie clywed beth sydd gyda nhw i'w ddweud a do's fawr o ots gyda chi am eu barn nhw ar y sefyllfa. Chi jest isie clywed y geirie sy'n troelli yn ddiddiwedd yn eich pen ar lafar, er mwyn i chi fedru gwneud rhyw fath o synnwyr allan ohonyn nhw. Arhosodd Elin i mi orffen dweud yr hyn roeddwn i angen ei ddweud, a wedyn gofynnodd hi beth oedd cost y trawsblaniad?

O'n i ddim yn dishgwl hwnna. Ac i ddweud y gwir doeddwn i ddim wedi meddwl am oblygiadau ariannol y driniaeth. Er bod rhyw frith gof gen i bod rhywun wedi crybwyll rhyw ugain mil o bunnau. Iawn, medde hi. Os w't ti isie i dy Dad gael y driniaeth mi roddaf i fenthyg yr arian i ti.

Waw. Beth?

'Nes i ddiolch iddi o waelod fy nghalon, ond esboniais i wrthi nad oedd yr arian 'da fi i'w thalu'n ôl. I chi cael deall, 'wi wastad wedi bod yn sgint. Wel, falle ddim wastad. 'Wi wedi cael arian yn y banc o dro i dro, a beth sydd yn digwydd gan amlaf yw 'mod i'n prynu pethe twp. 'Nes i brynu Saab Turbo confertibl unwaith oedd yn cymryd dŵr mewn fel y *Titanic* ac yn casáu *roundabouts*. Na, 'wi'n berson lot callach pan 'wi'n sgint. Ond pan oedd angen yr arian i dalu am drawsblaniad i Dad, dyna pryd 'nes i edifar bod yn sgint.

Diolch am y cynnig anhygoel felly, ond dim diolch. Ymatebodd Elin drwy ddweud y byddwn i'n medru ei thalu'n ôl yn y flwyddyn dwy fil dim dim dim dim. 'Wi'n meddwl 'nes i grio. 'Wi'n crio nawr yn dweud wrthoch chi amdano fe.

A dyna pam fydda i wastad o gwmpas i ti, Elin Wyn Williams, os wyt ti isie fi o gwmpas ai peidio.

Er gwaethaf cynnig Elin, fuodd Dad farw ychydig ddyddiau yn ddiweddarach ac yn sydyn trodd yr amryliw yn ddu a gwyn.

Yn waeth na hynny. Arafodd pob cloc yn y tŷ. Trodd pob munud yn awr. Pob awr fel Jacob Rees-Mogg – yn mynd 'mlan a 'mlan ac ymlan. Diolch byth felly 'mod i'n feistres ar gadw'n brysur, a llenwais fy nyddie er mwyn gweud yn saff nad oedd modd i mi feddwl yn ormodol am y peth.

'Wi'n cofio Eryl a'i gŵr Simon yn cyrraedd draw o Awstralia ar gyfer yr angladd a nhw ill dau, Merys a finne yn penderfynu pwy oedd yn mynd i neud beth.

Dyma oedd y dewis:
1. Cofrestru marwolaeth Dad.
2. Mynd i weld Dad yn yr arch cyn iddyn nhw hoelio'r clawr i lawr.

Nid oedd yn ddewis anodd. Roeddwn i am gofio Dad yn iach ac yn wherthin ac yn tynnu coes. Nid mewn arch. Aeth y tri arall felly draw i Gapel Heol Awst i weld Dad, a draw â fi i adeiladau'r cyngor i gofrestru'r farwolaeth. Roedd yr holl waith papur yn rhoi rhyw deimlad swrealaidd i'r cyfan – fel 'sen i wedi troi at y cyngor er mwyn cael hawl swyddogol i adeiladu conserfatori. Ond dyna beth oeddwn i'n neud. Yn gwneud marwolaeth Dad yn swyddogol. Roedd y cofrestrydd yn neis iawn, a whare teg, fydden i byth yn medru edrych i fyw llygaid pobol drwy'r dydd bob dydd oedd wedi colli'r person roedden nhw yn ei garu fwya yn y byd.

Erbyn i mi dderbyn tystysgrif marwolaeth Dad (dau gopi wrth gwrs – gwaith papur yw gwaith papur), roedd y tri arall yn y car tu fas yn aros amdana i.

Roedd pawb 'bach yn dawel ac ar ôl methu meddwl am rywbeth call i ddweud 'nes i benderfynu dweud rhywbeth ta beth, a gofyn iddyn nhw shwt a'th pethe yn y capel?

Odych chi erioed wedi difaru gofyn rhywbeth? Wrth gwrs bo' chi. Gall rhywun PLIS esbonio i fi PAM 'nes i ofyn?

Wedodd Merys bod Dad yn edrych yn olreit a'i bod hi wedi cymryd llunie. O'n i'n meddwl 'mod i'n mynd i gael rhyw ffit. Beth oedd yn bod arni? 'Nes i ddweud yn sbesiffig wrthi mai'r rheswm 'nes i ddewis peidio mynd i'r capel oedd achos 'mod i isie cofio Dad fel oedd e yn fyw, nid fel o'dd e yn farw. A dyma hi yn tynnu blydi llunie! Selffi yn y festri? Beth oedd yn bod ar bawb?

Welodd Merys 'mod i wedi troi'n llwyd ac esboniodd hi mai'r hyn roedd hi'n ei feddwl oedd ei bod hi wedi rhoi llunie ohonon ni fel teulu ym mhoced ei siwt e.

Wel, ma' isie i bobol esbonio'n well.

Wythnos ar ôl colli Dad, ces i wahoddiad i fynd am gyfweliad gyda'r BBC. Roedd gweithio ar *Pobol y Cwm* wedi bod yn uchelgais ers fy arddegau. Ond nawr, gyda'r drws i Gwmderi yn gilagored, yr unig beth o'n i isie neud oedd cuddio yn fy ngwely oddi wrth bawb a phob un a gwylio *West Wing* a byta *cheese puffs*, ond roeddwn hefyd yn gwbod bod rhaid imi neud rhywbeth achos bod mwy o fwganod nag erioed isie cartref yn fy mhen.

Aeth y cyfweliad yn iawn. Do'dd dim cliw gyda fi i ddweud y gwir. Roedd fy meddwl ar bethe arall. Y dydd Llun wedyn ffoniodd Eirlys Hatcher, y cynhyrchydd gweithredol. Roedd ganddi newyddion da a drwg. Damo.

Y newyddion drwg i gychwyn – doeddwn i ddim wedi cael y swydd. Y newyddion da – roeddwn i'n cychwyn y dydd Llun canlynol.

'Wi heb weud wrthot ti o'r blaen, Eirlys, ond 'wi wir yn meddwl y nest ti achub fy mywyd i gyda'r alwad ffôn yna oherwydd gyda *Pobol y Cwm* mi ges i deulu newydd a rheswm i godi o 'ngwely bob bore. Felly diolch. Diolch, diolch, diolch.

Wyth nodyn mewn wythawd

Roeddwn newydd ddechrau gweithio fel Rheolwr Llawr ar y gyfres ac roedd lot i ddysgu 'da fi oherwydd mae'r ffordd mae *Pobol y Cwm* yn gweithredu yn wahanol i unrhyw ddrama arall, a 'wi'n gwbod bod snobs yng Nghymru yn dweud na ddylid ei galw'n ddrama ac mai opera sebon yw hi a dim byd mwy, ond 'wi'n mynd i alw hi'n ddrama, oherwydd mae'r hyn mae'r cynhyrchiad yn ei gyflawni yn hollol anhygoel. Meddyliwch am y peth. Creu awr a deugain munud o deledu pob wythnos. Mae'n beiriant enfawr. Mae'n llyncu straeon. Ac oes ma' 'na blips ond ry'n ni gyd yn cael blips weithie.

Ta beth, yn ôl i'r stori. Roeddwn i'n ffilmio golygfeydd gyda'r criw ffilmio allan ar stryd fawr Cwmderi. Yr adeg hynny roedd y gyfres yn cael ei ffilmio tu fewn a thu allan ar dir stiwdios y BBC yn Llandaf. Roedd y stryd hon wedi bod yn rhan o fy mywyd ers imi fod yn blentyn, a rhaid cyfaddef 'mod i'n dal i gael rhyw wefr anhygoel wrth gamu lawr coridor y BBC. Gallwch chi weiddi arna i mai deinosor crintachlyd a smyg yw'r BBC a 'mod i'n rhamantydd ac yn sentimental am y gorfforaeth ond 'wi ffili help. Mi fydde'n byd ni lot tlotach hebddo fe ac yn bersonol, gallwch chi gadw eich *YouTube*. Rhowch awr fach i mi gyda Fiona Bruce ac *Antiques Roadshow* unrhyw bryd. Ond yn ôl at y ffilmio. Fel arfer mae un criw yn ffilmio un wythnos o benodau. Ond ar yr achlysur yma roedd pwy bynnag oedd wedi bod wrthi'n rheoli'r llawr ddim ar gael. Gofynnwyd i mi felly i gyfro, a mawredd mawr, roeddwn wrth fy modd yn rheoli'r llawr. Doeddwn i erioed wedi teimlo'n hollol gartrefol a hyderus yn gweithio fel Cyfarwyddwr Cynorthwyol Cyntaf, ond roeddwn i wrth fy modd yn rheoli'r llawr. Roeddwn i'n medru defnyddio pob dim roeddwn i wedi'i ddysgu yn fy ngyrfa i fy helpu i wneud fy ngwaith heb boeni, ac oherwydd hynny roeddwn i'n medru bod yn fwy... shwt alla i 'weud... yn fwy cyffordus wrth ddefnyddio fy mhersonoliaeth i fwy wrth fy ngwaith.

Yn amal oherwydd argaeledd actorion neu *sets* – sef tu fewn tai a thafarn a chaffi Cwmderi – roedd angen ffilmio allan o drefn y penodau, a'r tro hyn roedd y criw eisoes dros y dyddiau diwethaf wedi recordio parti mawr gwisg ffansi yn y Deri.

Spoiler Alert

Er bod y gyfres bellach yn cael ei ffilmio i lawr y Bae, mae'r drefn yn go debyg ac mae tu fewn a thu fas y Deri mewn dau fan gwahanol. Felly os ydych chi'n gweld, er enghraifft, Hywel yn cerdded ar draws hewl fawr Cwmderi a cherdded mewn i'r Deri, mae'n bur debyg bod gweld Hywel tu fewn a thu fas wedi eu ffilmio ar wahân. Os ydych chi'n gweld Hywel yn cerdded ar draws hewl Cwmderi yn gwisgo tei coch, a chi wedyn yn ei weld e'n gwisgo tei gwyrdd a het yn y Deri, chi'n gwbod eu bod nhw wedi cael eu ffilmio ar wahân. Diolch byth felly bod pobol colur a gwisgoedd yn cadw llygad barcud ar y ffilmio.

Ar ôl ffilmio'r parti yn y Deri felly roedd angen ffilmio pawb yn mynd am y dafarn. A phan mae *Pobol y Cwm* yn gwneud partïon gwisg ffansi neu unrhyw ddigwyddiad tebyg, mae'r adrannau colur a gwisgoedd yn gwneud jig oherwydd mae'n rhoi'r cyfle iddyn nhw, fel wede Mam, fynd yn wyllt. A'r noson honno roedd y sudd creadigol wedi gorlifo, fel petai.

Os odych chi'n berson P.C. plis sgipwch ymlaen ychydig o baragraffau

Thema'r noson hon oedd cymeriadau/deuawdau allan o ffilmiau eiconig. Y dyddie hynny roedd ychwanegolion – pentrefwyr cyson ar y gyfres – ac wrth iddyn nhw lifo allan i'r hewl fawr lle roedd pawb yn ymgynnull, mi 'nes i gymryd mantais o'r tawelwch a thrial gweithio mas pwy oedd pwy. 'Nes i adnabod Janice a Maldwyn yn eu siwtiau du, yr hetiau bowler a'r mwstashys yn syth – Laurel a Hardy. Diawch, roeddwn i'n caru Laurel a Hardy. Ac yna 'nes i sylwi ar Gwynfor a Madge ac yn sydyn roeddwn i'n meddwl am Digby ci mwya'r byd eto. Ie wir, Danny a Sandy allan o un o fy hoff ffilmiau erioed, *Grease*. Ac yn y cefndir roeddwn i'n gweld Jake ac Elwood yn dod tuag ata i fel y brodyr eiconig 'na'r Brodyr Glas, neu'r Blues Brothers. Rhoddes ddeg allan o ddeg i fi fy hun hyd yma am nabod pawb.

Ond wedyn daeth Beti ata i. Roedd mop o gyrls du ar ei phen ac roedd hi wedi ei gwisgo fel lleian. Edryches o gwmpas eto. Roeddwn i'n eitha siŵr imi weld rhywun arall oedd wedi gwisgo fel Julie Andrews yn *The Sound of Music*. Felly pwy ddiawl oedd Beti i fod?

Diolch byth roedd Ian y cynorthwyydd gwisgoedd wrth ymyl. "Hey, Ian, you've got to help me out here. Who is Beti supposed to be?"

"She's Whooopi Goldberg in *Sister Act* but we aren't allowed to black her up."

Wedes i ddim byd.

Ychydig ddyddie ynghynt roeddwn i unwaith eto yn ffilmio ar Hewl Fawr Cwmderi. Y cyfarwyddwr oedd yr amldalentog Eryl Phillips. Roedd Eryl yn cyfarwyddo o'r Galeri a oedd uwchben y stiwdio ac felly roedd yn cyfathrebu gyda fi a'r bobol camera a sain dros radio (ie, 'wi'n ôl i'r *walkie-talkies*). Rhan o fy swydd i oedd esbonio i'r actorion beth oedd y cyfarwyddwr isie iddyn nhw neud, sydd ddim wastad yn rhwydd achos 'wi wedi gweithio gyda sawl cyfarwyddwr a man a man eu bod nhw wedi mynegi eu cyfarwyddiadau mewn Swahili ambell waith. Ond roedd Eryl yn wych ac mae e wastad wedi bod yn bleser gweithio iddo fe, ac Eryl, 'wi ar gael os wyt ti'n whilo am rywun o fis Gorffennaf 2018 ymlaen.

Mae diwrnod ffilmio *Pobol y Cwm* yn gallu bod yn faith. 'Wi'n cofio rywdro ffilmio pedair ar hugain o olygfeydd mewn un diwrnod. Felly pan oedd golygfeydd cymharol syml i'w ffilmio, y gobaith oedd gyrru drwy'r rheini yn sydyn er mwyn treulio mwy o amser ar y golygfeydd cymhleth. Ac roedd yr olygfa oedd ar fin cael ei recordio, ar bapur, yn syml iawn.

Yr actorion oedd Gillian Elisa a Debbie Moon. Roedden nhw wedi ffilmio golygfa ar set y caffi ychydig o ddyddie ynghynt, a'r unig beth oedd ar ôl i'w saethu oedd gweld y ddwy yn cyrraedd y caffi.

Y nodiadau ges i oedd bod Gillian Elisa (Sabrina) i gerdded lawr y stryd o gyfeiriad y Deri a mewn â hi i'r Caffi. Yn y stori mi fydde Debbie (Rhian) yn ymuno gyda hi yn y Caffi, ond am y tro, yr unig beth oedd angen i Gill wneud oedd cyrraedd y Caffi, mynd mewn a chau'r drws ar ei hôl. Diwedd yr olygfa. Bendigedig, symud mlaen.

Daeth Gill allan aton ni, ges i air bach sydyn yn esbonio beth oedd angen iddi neud, a wedyn a'th hi rownd y gornel ar dop yr hewl gyda'r rhedwraig Laura fydde'n rhoi ciw iddi.

'Co ni off.

Pawb yn barod? Recordio. *Standing by. ACTION.*

Cerddodd Gill rownd y gornel, lawr â hi at y Caffi a mewn â hi. Yr unig broblem oedd ei bod hi wedi gadael drws y Caffi ar agor ac roedd angen iddi gau'r drws achos ei bod hi wedi gwneud hynny yn yr olygfa a ffilmiwyd yn y caffi.

Newn ni neud e eto. 'Nôl â Gill rownd y gornel at Laura.

ACTION

Cerddodd Gill lawr at y Caffi unwaith eto, mewn â hi. A gadael y drws ar agor.

'Nes i esbonio wrth Gill bod yn rhaid i ni fynd eto, achos bod rhaid iddi gau'r drws neu bydde'r olygfa tu fas ddim yn matsho'r un roedden nhw wedi ffilmio tu mewn. Wedodd hi fydde hi ddim yn cau'r drws. 'Nes i ofyn pam. Esboniodd hi ei bod hi'n gwbod bydde Rhian yn dilyn ac felly fydde hi ddim yn cau'r drws, ac roeddwn i'n deall ei phwynt hi, ond gwirionedd y sefyllfa oedd ei bod hi wedi cau'r drws yn yr olygfa a ffilmiwyd yn y Caffi ynghynt, ac roedd angen i'r ddau fatsho.

Ar ôl rhyw ddau gynnig arall roeddwn i'n ymwybodol bod Eryl y cyfarwyddwr ar fin chwythu ffiws, felly 'nes i ofyn i Gill am ffafr bersonol. "Plis ca'r drws. I fi. Jest… jest ca' fe." Pwysleisiodd Gill am y tro olaf na fydde hi'n cau'r drws achos roedd Rhian yn

dilyn tu ôl iddi, ond mi fydde hi'n fodlon neud e i fi. Ffabiwlys.
Dyma ni 'te.

Hwn oedd yr un. Roedd Gill a Laura yn ôl rownd y gornel.
Roedd Gill yn mynd i gau'r drws.

ACTION

Nid oedd golwg o Gill.

ACTION

Dal dim golwg.

Roedd Eryl yn fy nghlust i ac yn defnyddio iaith na chlywyd
yn y BBC o'r blaen.

'Nes i weiddi yn uwch. Plis, Gill, dere rownd y gornel.

AAAAACCCCTTTIONNNNN.

Daeth Laura rownd y gornel. Gofynnes iddi le oedd Gill.
Esboniodd Laura bod y boi diogelwch wedi dod draw at Gill tra'i
bod hi'n aros am ei chiw ac fe ddwedodd e wrthi ei bod hi wedi
parcio yn anghyfreithlon, ac felly roedd Gill wedi mynd i symud
ei char.

Chwe mis yn ddiweddarach, gorffenwyd yr olygfa. Ma' Eryl yn
dal i gael therapi. Caru ti, Gill.

PENNOD 13

WHILO BOBMAN AM YR HAUL

Ar yr wyneb, roedd pob dim yn mynd yn hwylus. Ar ôl digon o ymarfer roeddwn i wedi perffeithio bod yn ddau berson ar yr un pryd – rhyw ddau am bris un fel y'ch chi'n gael yn Asda (mae archfarchnadoedd eraill hefyd ar gael.)

Ro'n i'n hyderus ar y tu fas, ond yn hollol ddihyder ar y tu fewn. A thrwy gydol y cyfnod yma ro'n i'n parhau i whilo am yr ateb. A fydden i byth yn fodlon? A fydden i byth yn hapus? 'Nes i drio llyfrau *self-help* ond doedd y profiad rhywsut ddim yn gwneud unrhyw synnwyr.

Sai'n deall y term *self-help*. Nag yw hynny'n golygu 'mod i fod yn helpu fi'n hunan? Os a' i i'r siop a phrynu llyfr *How to Reinvent Yourself Using a Pogo Stick* gan awdur o'r enw Sunflower Glock, 'wi'n mynd i ymateb i beth mae Sunflower yn ei ddweud. Os ydw i'n mynd i gael budd allan o lyfr *self-help,* oni fydde raid i mi fod wedi sgrifennu llyfr am shwt i helpu fi'n hunan? A wedyn fydde angen imi ei ddarllen e.

Teithio

Roedd angen ateb arall, a phan roedd seibiau rhwng ffilmio, penderfynes i deithio i ben draw'r byd. Os nad oeddwn am ddarganfod hapusrwydd yng Nghymru, roeddwn i'n mynd i fflipin ffindo fe rywle arall. A jiawch, 'nes i deithio. Pob cyfle posib gewn ni roeddwn i'n estyn am y pasbort.

Un o'r siwrneoedd cofiadwy oedd teithio i Awstralia a Seland Newydd gyda Nerys – chi'n cofio Nerys? Fy nghydweithiwr ar *Y Parc*. Mae'n od beth y'ch chi'n gofio am wyliau, ac os y'ch chi'n ddynion sydd ddim yn lico clywed am bethe merched, fflipiwch ymlaen rhyw ddwy dudalen nawr.

Roedd y ddwy ohonon ni wedi dianc am ychydig ddyddie i dref Cairns yn Awstralia. Os ydych chi'n hoffi gwneud pethe sydd yn ymwneud â dŵr, Cairns yw'r hafan i wireddu eich breuddwydion, oherwydd roedd y cyfleoedd i gyd yno i anelu am y môr, neu anelu am yr afonydd a'r rhaeadrau a phrofi anturiaethau a hanner, ac roedd Nerys fel fi am fentro a gwneud y cyfan a oedd ar gynnig, a hynny fel arfer ar ôl pymtheg potel o gwrw a chwarter awr o gwsg, ond roedden ni'n ifanc ac ar dân i drio pethe newydd.

Yn anffodus, ar y diwrnod roedden ni am fynd i rafftio dŵr gwyn, ces i argyfwng ofnadwy. Ar y bws i'r ganolfan rafftio roeddwn i'n dawel. Sylwodd Nerys.

"Ti'n olreit?" medde hi.

'Nes i ysgwyd fy mhen. Na. Roeddwn yn bell o fod 'yn olreit'. Ond sut oeddwn i'n mynd i ddweud wrthi beth oedd o'i le?

"Rhian, ti'n poeni fi nawr. Dere."

Cymerais anadl ddofn. Roedd yn rhaid imi ddweud wrthi. Ac roedd yn rhaid gwneud hynny cyn bod pethe'n mynd yn rhy bell.

"'Wi newydd ddechre period fi."

'Wi'n meddwl dechreuodd hi wherthin.

"So?" medde hi.

"Galla i ddim mynd i rafftio."

I dorri stori ddiflas yn fyr, mi 'nes i esbonio nad oeddwn i wedi defnyddio tampon o'r blaen (ni'n siarad am gyfnod maith cyn y digwyddiad anffodus yn y wers yoga). Oes gair Cymraeg am tampon? Edrychodd Nerys arna i fel 'sen i wedi colli arni'n llwyr. Wedyn dechreuodd hi wherthin eto.

"Paid wherthin," medde fi, yn ypsetio fwyfwy. "Galla i ddim mynd. Cer di. 'Na i aros man hyn."

'Wi wastad wedi bod yn *drama-queen*.

'Wi'n credu wedodd hi 'mod i'n *idiot*. Gafaelodd yn fy llaw a'n arwain i at y siop fechan oedd yn ymyl. A' i ddim i fwy o fanylion ond mae'n flin gyda fi, Nerys – bob tro 'wi'n gweld tampon nawr 'wi'n meddwl amdanat ti. Mewn ffordd neis, wrth gwrs.

Y Wyrth

Un o'r pethe 'wi'n fwynhau neud wrth deithio yw darllen y papurau lleol. Ar un ymweliad at Eryl fy chwaer yn Sydney roedd rhyfel Irac newydd ddechrau ac roedd byddin Awstralia wedi cael eu tynnu mewn i'r potsh. Roedd lot o bobol Oz yn anhapus iawn am hyn a rhyfeddod o'r rhyfeddodau roedd pobol yn sôn eu bod wedi gweld delw neu *effigy* y Forwyn Fair adeg machlud haul uwchben ffens ar lwybr traeth Coogee. Mae Coogee ychydig filltiroedd allan o ganol Sydney, ac ar ddiwrnod hyfryd 'sdim profiad gwell na cherdded o Coogee ar hyd yr arfordir at draeth Bondi. Roedd y ddelw wedi ennill cryn ddiddordeb ymhlith y cyfryngau lleol ac roedd rhai yn dweud bod ei phresenoldeb yn arwydd y dylai Awstralia gadw draw o gynllunie Tony Blair, George W. Bush, a'r annibendod yn Irac yn gyffredinol. Yn sydyn roedd pobol yn heidio o bedwar cwr Awstralia, ac yn wir roedd y byd ar bererindod i draeth Coogee i gael cipolwg o'r Forwyn Fair.

Ond wedyn cawlach. Dros nos malodd rhywun neu rywrai'r ffens a diflannodd y ddelw. Wel, a'th pobol yn hollol nyts. Roedd protestiadau di-ri a galwodd y bobol ar aelodau'r cyngor i neud rhywbeth am y peth – hynny yw, trwsio'r ffens. Siaradodd newyddiadurwr o'r *Sydney Morning Herald*, papur lleol Sydney, gyda chynrychiolydd o'r Cyngor i weld sut oedden nhw am ymateb i'r gri gyhoeddus. Dywedodd hwnnw eu bod nhw'n bendant am wrando ar y bobol ac mi fydde nhw'n trwsio'r ffens. A dyma shwt na'th e gloi ei ddatganiad. Chi'n barod? "…but we're not promising any miracles." Cymeradwyaeth i'r cynghorydd, os gwelwch yn dda.

Roeddwn wrth fy modd yn cael profiadau newydd, yn cyfarfod pobol gyda bywydau a straeon lliwgar a chael profi bwydydd bendigedig. Ar wahân i gael fy nhaflu allan o glwb nos yn Perth achos bod y bownser yn meddwl 'mod i'n butain (fy ymateb i wrth iddyn nhw lusgo fi allan, "I can't be a prostitute, I'm from Carmarthen!") roedd lot o hwyl i gael. Ac eto, roedd yr iselder yn parhau i gydio a finne'n teimlo'n hollol rhwystredig yn methu deall paham. Nid oedd teithio yn fy ngwneud i'n hapus – roeddwn jest yn anhapus mewn llefydd poeth.

Dynion

Penderfynais felly mai dyn fydde'n fy ngwneud i'n hapus. Pam lai. Roedd Mam a Dad wedi syrthio mewn cariad ac roedden nhw yn hapus. Pam na fedrwn i gael yr un profiad?

Beth roeddwn i heb sylweddoli ar y pryd oedd bod fy nghorff yn anfon *signal* allan i bawb oedd yn dod o fewn canllath i fi yn dweud, os dewch chi yn agos ata i 'na i bynsho chi. Gyda'r iselder, daeth rhyw baranoia rhyfeddol oedd yn ailadrodd dro ar ôl tro gyda dieithriaid a chyfeillion. Os nad oeddwn i'n hoffi fy hun, pam fydde rhywun arall yn gwneud?

Ond ta waeth, roeddwn i'n benderfynol. Roeddwn i wedi alaru ar fynd i briodasau ar ben fy hun a deffro mewn gwely gwag bob bore. Lle es i whilo felly? Cae'r Steddfod? Tafarn leol? Wel, ar-lein wrth gwrs. Mae'n broses gymharol hawdd. Ry'ch chi'n ysgrifennu disgrifiad o'ch chi eich hunan, beth chi'n lico neud, beth chi ddim yn lico neud, a wedyn chi'n hala llun i mewn ac mae pobol sydd wedi gwneud yr un peth yn gweld eich disgrifiad a'r llun ac yn penderfynu os ma' nhw am gysylltu ai peidio.

Tony oedd y cyntaf ac roedd ei ddisgrifiad yn addawol iawn. O dras Eidalaidd. *Magnifico.* Gweithio yn lleol. Grêt. O'dd ddim whant arna i trampsan i Lambed you call it Lampeter bob penwythnos. Cwpwl o blant 'da fe, ond o'dd hwnna ddim yn poeni fi. 'Wi heb gael plant a ddim isie nhw i ddweud y gwir, ond mae rhai neis i gael. Galwodd rhywun draw gyda'u babi newydd a'r unig beth positif oedd gen i i'w ddweud oedd bo' fi'n lico'r *baby-carrier*, ond mae Wil, crwt Merys fy chwaer, yn annwyl a 'wi'n mwynhau tynnu coes hwnnw o dro i dro. A 'wi'n dwlu ar ddau grwt o'r enw Steffan a Dyfed, sef plant Sharon (ie, Gaynor, Mam) ac Arwel. Rywdro roeddwn yn y parc gyda'r ddau a da'th teimlad reit athronyddol drosta i. Gofynnais iddyn nhw sut fydden nhw'n disgrifio eu hunen mewn tri gair. Roedd y ddau ar y pryd tua chwech a phedair oed ond 'wi'n gallu bod yn ddwfwn weithie. Gofynnodd y ddau am gyfle i feddwl. Wrth gerdded yn ôl at y tŷ, stopiodd Steffan.

"Fi wedi meddwl am dri gair," medde fe.

"A fi," medde Dyfed.

"Gwych," medde fi. Sai'n meddwl wedes i 'gwych' ond 'sdim lot ar ôl yn y llyfr 'ma a well i fi ddechre defnyddio geiriau posh.

"Dere 'mlan 'te, Steff."

Edrychodd Steff arna i. Roeddwn i'n gallu clywed ei ymennydd e'n tician.

"'Wi'n caru lego," medde Steff.

"A ti, Dyfs?"

"'Wi'n caru lego hefyd," ychwanegodd Dyfed.

Weithie 'sdim isie gorfeddwl pethe. Ac ydw. 'Wi'n caru lego 'fyd.

Yn ôl at Tony, felly. Roedd yn hoff o wrando ar Coldplay ac roedd e'n gallu pobi *lasagne*. Casáu Coldplay, fflipin caru *lasagne*. Nethon ni decsto'n gilydd gwpwl o weithie, ffonio rhyw ddwywaith neu dair a wedyn gofynnodd e os bydde'n bosib i ni gwrdd?

Gylp. Wir?

Roedd yn hawdd cuddio tu ôl i sgrin y cyfrifiadur. Nag o'dd e bach yn fuan i gyfarfod? Chwe mis arall o tecsto, ie? Dim angen rhuthro. Deffrodd yr amheuon unwaith eto. Beth os na fydde fe'n ffansïo fi? Beth os bydde fe'n cael un pip arna i a rhedeg 'nôl at ei Ford Focus neu beth bynnag o'dd e'n yrru?

Y noson cyn cyfarfod Tony roeddwn i'n gwarchod plant Gill a Jon Rees.

Mae Gill wedi ein gadael ni bellach ond 'na'i byth anghofio ei gallu i neud imi feddwl yn fwy rhesymol o lawer nag odw i fel arfer.

Ar ôl iddi gyrraedd adre 'nes i esbonio wrthi 'mod i'n mynd ar ddêt y noson ganlynol gyda dieithryn o'r enw Tony 'nes i gyfarfod ar y we a 'mod i'n nerfus ac yn ystyried canslo.

Wedodd hi wrtha i i beidio bod mor hurt. Oedd rheswm 'da fi i boeni? Wedes i na, ddim felly. Oni bai ei fod e'n seicopath a bydde fe'n fy lladd i a dinistrio 'nghorff i mewn bath o asid. Sai'n meddwl glywodd hi'r frawddeg yna oherwydd wedodd hi, "Wel 'na fe 'te. Pam hala d'unan i boeni nawr?"

Holodd hi a oedd Tony yn swnio fel bachan neis. Wedes i ei fod e.

Wedodd hi wrtha i ymlacio, ac i edrych i fyw ei lygaid yn syth wrth gyfarfod – reit reit reit mewn i berfeddion ei lygaid e – ac mi fydden i'n gwbod ai fe oedd yr un ai peidio.

Daeth y sgert allan. Eto. A theits. A 'nes i siafio 'nghoese, er nid yn y drefn honno, wrth reswm.

'Wi'n mynd i weud hwnna eto. 'Nes i wisgo teits. A sgert. 'Wi'n siŵr 'nes i brynu bra newydd – nid fy mod yn disgwyl unrhyw mistimanars – mi fydde fy noson i yn berffeth 'se fe jest yn troi lan. Ond os oedd e'n mynd i grogi fi a 'ngadael i mewn sgip o leia bydde'r heddlu yn gallu dweud wrth Mam bod gen i ddillad isa glân a choesau llyfn neis.

Fi droiodd lan yn gyntaf oherwydd fi wastad yn mynd bobman yn gynnar. 'Wi'n meddwl bod hyn yn digwydd oherwydd ges i fy ngeni cyn o'n i fod popan mas.

'Nes i ishte yng nghornel y bar fel 'y mod i'n ddigon agos i'r tŷ bach a'r allanfa dân. Roeddwn i'n go hyderus y bydden i angen defnyddio'r ddau cyn diwedd y noswaith. Er, roeddwn wedi bod i'r tŷ bach saith gwaith cyn gadael y tŷ. Roeddwn i hefyd yn gallu gweld pawb yn dod mewn fel hyn.

Ac ar y dot – saith o'r gloch – mewn â fe. Tony. O bell roedd e wedi gwisgo yn neis. Yn fy mhen i, fel ma' fe yn amal nawr, roedd llais Gill. Edrycha mewn i'w lygaid e a bydd pob dim yn gwneud synnwyr. 'Nes i ryw godi llaw arno. Gwenodd a dechreuodd gerdded tuag ata i. Wel, roedd e heb hel ei bac eto. Wrth iddo agosáu codais ar fy nhraed. Roeddwn i'n gallu teimlo bod 'y nheits i wedi slipo lawr a ddim yn bell o 'mhenglinie ond o'dd ddim byd o'n i'n gallu neud amdano fe nawr.

"Tony. Hi," medde fi. "I'm Rhian, nice to meet you."

O'dd golwg fwy nerfus arno fe nag o'dd arna i. Wrth siglo ei law gyda fy llaw dde 'nes i drial tynnu 'nheits i fyny gyda'r llaw 'whith.

A wedyn daeth y foment fawr – edrych mewn i'w lygaid e. Ai hwn oedd yr un? Yr unig beth 'wi am ddweud yw, a 'wi'n deall mai problem feddygol o bosib yw gwreiddyn y broblem, ond roedd un o'i lygaid yn edrych arna i a'r llall yn edrych tuag at y llun o Gareth Edwards oedd ym mhen arall y stafell. Glywes i ddim gair wedodd e, a weles i mohono fe eto, a Gill ga'th y bai. Wedodd hithau wrtha i am neidio yn ôl ar gefn y ceffyl cyn gynted â phosib, ac mi wnes i wrando arni a threfnu cyfarfod gyda gŵr bonheddig arall yn go gloi. Wedodd Gill wrtha i i ganolbwyntio ar ei bersonoliaeth. 'Nes i ddim boddran gyda'r teits.

"Hi, Alan, I'm Rhian."

'Nes i ddechre holi amdano fe. Pan wedodd e mai Margaret Thatcher oedd ei arwres e a'i fod e'n perthyn i'r Blaid Geidwadol 'nes i ddechre whilo yn dawel bach am allweddi'r car. Pan wedodd e ei fod yn byw gyda'i fam wedes i bod fy ffrind Sara Harris Davies wedi ffonio a bod ei gwallt ar dân. Sori, ond ddyle ddim un boi yn ei ddeugeinie fod yn byw gyda'i fam.

Ond wedodd Gill wrtha i gario 'mlan i fynd. Yr un nesa fydde'r un. Roeddwn i am ganolbwyntio ar y pethe oedd gyda ni'n gyffredin.

'Nes i ddim boddran gwisgo sgert.

"Hi, Steve, I'm Rhian."

Roeddwn i'n debycach i'r llun ohono oedd ar y we nag oedd e, ond falle bod nam ar ei gamera a dyw'r ffaith bod pobol yn edrych fel 'sen nhw wedi bod yn y carchar ddim yn golygu eu bod nhw.

Gofynnes iddo fe a oedd e'n byw gyda'i fam a'i dad. Man a man cael y cwestiwn mas o'r ffordd nawr. Na, wedodd e. Roedd e'n byw yn agos at ei fam ond nid yn yr un tŷ. Whare teg iddo am gadw golwg ar ei fam. Ar ôl mwy o holi cyfaddefodd e pan wedodd e ei fod e'n byw yn agos at ei fam roedd e'n golygu ei fod e'n byw mewn fan ar ddreif y tŷ, ond roedd hi isie iddo fe adael achos roedd e newydd fod ar *bender* am dri mis.

Gofynnodd a oeddwn i'n gwbod beth o'dd hash ac a oeddwn i isie prynu peth, ac es i gatre.

Yn y cyfamser roedd codi o 'ngwely yn mynd yn fwy o ymdrech. Roeddwn i'n osgoi ffrindie fwyfwy, a'r esgusodion dros pam nad oeddwn i'n medru cyfarfod yn mynd yn fwyfwy creadigol a desbret.

Yr un hen fwgan. Pam bydde bobol erill isie treulio amser gyda fi os nad oeddwn i'n hoffi 'nghwmni fi fy hunan?

Roeddwn i'n gwbod nad oedd cuddio yn y tŷ yn beth da, ond roedd e'n anodd i mi neud unrhyw beth arall.

Roeddwn wedi clywed mai'r peth gorau i rywun oedd yn dioddef o iselder oedd awyr iach. Felly 'nes i gychwyn cerdded, a gwneud hynny yn ddyddiol ac am filltiroedd. Y peth yw, os y'ch chi'n cerdded ar ben eich hunan mewn parc chi'n gallu edrych bach yn *weird*. Ac ar ôl i'r trydydd person feddwl 'mod i'n gweithio i'r cyngor a gofyn i mi lle oedd y tŷ bach agosa, 'nes i benderfynu prynu ci. Bydde neb yn meddwl 'mod i'n od os oedd ci bach wrth fy ochor.

Darganfod Bwda

Roeddwn i'n gweithio yn y BBC ar y pryd. Mae system gyfrifiadurol fewnol gyda'r gyfundrefn lle mae'n bosib i staff y BBC brynu a gwerthu pethe – cadeiriau, dillad, modrwyon priodas... wir nawr, pob dim dan haul. Ryw fore sylwes ar hysbyseb am gaetsh ci. Pris y caets oedd hanner can punt. Yn ôl y disgrifiad byddai'n ffitio mewn i unrhyw fwt car. Roedd pum munud 'da fi felly 'nes i brynu fe ac ar ôl cyrraedd adre 'nes i alw gydag un o fy nghymdogion. Tra'i bod hi yn berwi'r tegell 'nes i ddweud wrthi yn egseited iawn beth oeddwn i wedi'i neud yn y lle gwaith.

"Guess what I bought today?"

Fel y gwair yn y Stadiwm, doedd dim gobaith y byddai'n dyfalu yn iawn.

"What?"

"I bought a cage for a dog."

Da'th hi drwodd yn go gloi o'r gegin.

"I didn't know you had a dog," medde hi.

"I don't," medde fi. O'dd hi'n gwbod bod dim ci 'da fi. Pam gofyn cwestiwn twp?

"Then, why did you buy a cage for a dog?"

"Because I'm thinking of buying a dog."

Eisteddodd.

"What kind of dog are you going to get?"

"One that will fit into the cage," medde fi.

Yn amal mae lot o bethe yn gwneud synnwyr yn fy mhen i pan 'wi'n cadw nhw yn fy mhen. Mae'r trafferthion yn dechrau pan 'wi'n sôn wrth rywun arall ac 'wi'n clywed fy syniadau yn uchel ac yn sydyn 'wi'n teimlo fel *idiot*.

Ac mi brynes i'r ci. Bwda. Mae Bwda yn bum mlwydd oed. Ei enw llawn yw Buddha Star Williams, neu 'Bwdaondnidfienwodde'. Fydden i ddim o ddewis wedi enwi ci ar ôl demi-Dduw.

'Nes i brynu *chippings* i'r ardd oedd yn ddigon o faint fel nad oedd yn bosib i gi dagu arnyn nhw, a wedyn 'nes i brynu carped hufen i'r ystafell fyw a na'th Bwda ddefnyddio fe i ymarfer pisho am dri mis.

'Wi erioed wedi'i ddisgyblu fe. Pan ma' pobol yn gofyn i fi lle ma' fe'n cysgu fi'n ateb, "Ble ddiawl ma' fe moin." Ond oni bai amdano fe, mi fydden i mewn gwaeth picil nag ydw i nawr. Pan mae'r bwganod yn dod mae pob dim yn cau lawr. Ry'ch chi'n gallu osgoi ffrindie a theulu ond pan ma' ci angen cachu, mae ci angen cachu ac mae'n rhaid i chi godi.

Ac yffach, 'wi wedi wherthin ers ei gael e.

Peint o laeth?

O'dd y fenyw posh hyn yn y parc. Wrth i Bwda a fi gerdded tuag ati roeddwn i'n ei chlywed hi yn gweiddi mas, 'Moses... Moses...'

Fel arfer 'wi'n trial osgoi pobol sy'n cerdded cŵn yn y parc. Sai erioed wedi joio trafod y tywydd neu symudiadau coluddion eu cŵn nhw, ac 'wi'n rhy hen i ddechre nawr.

"Funny isn't it?"

"What?" medde hi.

"Your dog is called Moses and mine is called Buddha."

"How do you know my dog is called Moses?"

"Because you just called him."

"Ah yes."

Dyma'r math o sgyrsiau ry'ch chi'n gael gyda chyd-berchnogion cŵn ar fore Sul.

"Doesn't your dog have lovely shiny hair?"

O'n i ddim yn siŵr os oedd hi'n gofyn cwestiwn neu wneud gosodiad.

"He drinks a lot of milk," medde fi.

Edrychodd perchennog Moses yn amheus arna i.

"I didn't think dogs were supposed to drink milk."

Esboniais i wrthi bod rhai cŵn yn *lactose intolerant* – sai'n mynd i drial cyfieithu hwnna – ond bod Bwda wastad wedi joio yfed llaeth ac roedd e'n dal yn fyw a doedd neb wedi ffonio'r RSPCA amdana i, felly...

Gwenodd y fenyw posh a dywedodd ei bod hi am roi llaeth i'w chi hi. Wedes i rywbeth fel "'Na fe, 'te" ac off â fi.

Ymhen ychydig ddiwrnode weles i'r fenyw posh a Moses eto. Da'th hi draw ata i.

"I gave Moses some milk to drink."

"Oh yes?" medde fi.

"He loved it."

"Great," medde fi.

"And then he shat all over the kitchen floor."

Y tro nesa y soniodd perchennog ci wrtha i fod cot Bwda yn sheino wedes i "diolch yn fawr" a symud ymlaen.

Iâr fach wen

Bellach sai'n mynd ar wyliau yn amal oni bai 'mod i'n gallu mynd â'r ci hefyd. Aeth Merys a finne i Hay-on-Wye i glywed y diweddar Carrie Fisher yn siarad am ei phrofiadau. Roeddwn i wastad wedi bod yn ffan o *Star Wars* a phan o'n i'n fach, o'n i naill ai isie bod yn Lindsay Wagner y *Bionic Woman*, Rizzo o *Grease* neu Princess Leia o *Star Wars*, achos roedd hi'n cael cwmpo mewn cariad gyda Han Solo.

Mae'r ŵyl yn wych – llefydd neis i fyta ac yfed ac mae'n gyfle i chi brynu llwyth o lyfrau newch chi byth ddarllen ond mi ewch chi adre'n teimlo'n smyg iawn eich bod chi wedi neud yr ymdrech.

Ma' fe fel Steddfod ond 'da llai o fwd a llai o bobol 'wi ishe osgoi ar hyd y lle. O'n i heb gael y ci ers sbel felly mi nethon ni ffeindio gwesty ar gyrion Hay-on-Wye oedd yn croesawu cŵn ac i ffwrdd â ni. Do'dd e ddim y Ritz ond 'wi'n lico llefydd cwyrci ac roedd y lle hyn yn cael ei redeg gan bobol o Tibet, a do'n i erioed wedi cyfarfod pobol o Tibet o'r blaen.

Pan ma' ci isie pisho, ma' fe isie pisho. Ma' fe lot yn well nawr. Ma' fe'n aros nes 'mod i'n deffro cyn disgwyl cal mynd allan, ond pan oedden ni yn y gwesty yn Hay roedd Bwda druan yn ifanc a heb ddysgu croesi ei goesau, felly pan eisteddodd ar fy ngwyneb am hanner wedi chwech y bore 'nes i daflu *fleece* dros fy mhyjamas, gwneud yn siŵr bo' fi ddim yn deffro Merys, a mynd lawr y grisiau ac at ddrws cefn y gwesty. Am ryw reswm roedd y drws ar glo – iawn. Ond dim allwedd yn y clo. Nawr, 'wi'n siŵr bod hynny yn torri rhyw gant a hanner o reolau tân ond do'dd neb o gwmpas i fi gwyno wrthyn nhw oedd yn od achos o'n i'n meddwl y bydde pobol o Tibet i fyny gyda'r wawr. Croesodd Bwda a fi draw i ffrynt yr adeilad a diolch byth agorodd y drws ffrynt. Yn sefyll o flaen y drws i'n cyfarch ni oedd iâr.

Edrychodd Bwda ar yr iâr. Welodd yr iâr Bwda ac mi droiodd mewn i Ussain Bolt a'i heglu hi rownd y gornel. Nawr, 'se'r ci wedi bod ar dennyn bydde bob dim wedi bod yn iawn. Ond do'dd e ddim. Felly siwrne welodd Bwda yr iâr yn rhedeg i ffwrdd, rhedodd e ar ei hôl hi a finne ar ei ôl ynte.

O'n i newydd golli lot o bwyse ac felly roedd trwser 'y mhyjamas yn rhy fawr ac felly o'n i ffili mynd yn gyflym iawn achos roedd 'y mhyjamas i'n cadw syrthio lawr, ac felly erbyn i fi gyrraedd gerddi cefn y gwesty roeddwn i wedi colli'r ddau. Y peth cynta dda'th i'n feddwl i oedd bod Bwda yn mynd i ladd yr iâr. Bydden i wedyn yn gorfod rhoi'r ci i gysgu achos ei fod e wedi cael blas gwaed, a bydde pobol y gwesty yn taflu ni allan o'r gwesty achos bod yr iâr wedi dod draw yr holl ffordd o Tibet gyda'r teulu. Bydde Stephen Fry yn ffindo mas achos o'dd e'n gwbod am bob dim oedd yn digwydd yn ystod yr ŵyl, a bydde fe'n gwneud yn saff na fyddwn i'n mynychu'r ŵyl byth eto.

Roedd y pyjamas yn troi mas i fod yn dipyn o rwystr ac roedd yr ardd yn fwy nag oeddwn wedi disgwyl. Roeddwn i'n trial sibrwd a gweiddi yr un pryd, sydd byth yn mynd i weithio, ond roeddwn i isie cyfleu i Bwda ein bod ni mewn argyfwng a hynny heb ddeffro unrhyw un, yn enwedig y perchnogion o Tibet. Llusgodd y munudau nesa wrth i fi whilo am y ci a'r iâr. Roeddwn i'n medru clywed iâr. Ife un iâr oedd 'da nhw? Dim syniad. A wedyn newidiodd y swn yr oedd yr iâr yn ei neud ac roeddwn bellach yn gallu dilyn llwybr o blu. Roeddwn i'n rhy hwyr. Roedd Bwda wedi troi yn lofrudd. A fydden i'n gallu bwyta *chicken goujons* byth eto?

A wedyn, yn hollol annisgwyl, ymddangosodd y ci. 'Nes i ryw *whoop whoop* mewnol ond diflannodd hwnnw pan sylwes bod yr iâr yn gorwedd yn ei geg e. Gofynnes i i Bwda roi'r iâr lawr a 'wi'n meddwl synhwyrodd e 'mod i 'bach yn *stressed* a gollyngodd e'r iâr. 'Nes i afael yn y ci a'r pyjamas. Roedd yr iâr yn fyw. 'Nes i ddechre cerdded yn ôl at ddrws ffrynt y gwesty. Ond wedyn dechreues i boeni bod yr iâr yn mynd i gael trawiad ar y galon. Es i rownd yr ardd fel rhywun yn gweithio i CSI Miami a chasglu pob pluen a'u rhoi ym mhocedi fy *fleece* a dychwelyd i'r ystafell wely. Es i 'nôl mewn i'r gwely a rhoi'r *duvet* dros fy mhen. Deffrodd Merys.

"Everything okay?" medde Merys.

"Yep."

Es i ddim 'nôl i gysgu, roeddwn i'n rhy fishi yn poeni bod yr iâr yn rhywle gyda phoenau lawr ei hochor chwith ac yn mynd yn *dizzy*.

Awr yn ddiweddarach roedd Mam a Merys a finne wrth y bwrdd brecwast. Roedd Bwda erbyn hyn wedi deall difrifoldeb y sefyllfa ac yn cuddio dan y bwrdd.

'Nes i ordro brecwast. Dim wyau diolch yn fawr. Gofynnodd Mam a oedden i'n olreit. 'Nes i nodio fy mhen. Dim lot o whant bwyd arna i. Syrthiodd pluen allan o 'mhoced chwith. Edryches i o gwmpas yn sydyn. Oedd rhywun wedi sylwi arni?

Ac yna mi glywes i'r swn gorau 'wi erioed wedi'i glywed – swn clochdar iâr. Teimlais i holl bwyse'r byd yn llithro oddi ar fy ysgwydde. Ond aros funud, Rhian. Roedd cwestiwn allweddol i'w ofyn.

'Nes i alw'r ddynes oedd yn gweini draw.

"Good morning, excuse me," medde fi. Ma' Saesneg gorau fi'n dod mas pan 'wi ar fy ngwylie.

"Yes?"

"How many chickens do you have?"

Roedd tawelwch am ychydig eiliadau. 'Nes i glywed Bwda yn gwneud sŵn 'gylp' o dan y bwrdd.

"One. Why?"

"No reason," medde fi. "You have lovely grounds."

Y flwyddyn ganlynol es i'n ôl i Hay-on-Wye i wrando ar Judi Dench yn siarad. Es i heb y ci.

Mae cadw ci yn gallu bod yn her. Mae jyglo gwaith a rhywbeth sydd isie sylw bedair awr ar hugain y dydd yn anodd. Diolch byth am Dame Sara Harris Davies felly, a Mam. Er, wele enghraifft o un sgwrs ffôn dydych chi ddim isie cael am y ci.

Roedd Mam wedi bod yn gofalu ar ei ôl e tra 'mod i'n gweithio i fyny yn y gogledd. 'Nes i bigo'r ci i fyny ac roedd Bwda a Mam yn gwenu ac roeddwn i'n hapus iawn bod gatre ac roedd bywyd yn mynd yn ei flaen yn ddidrafferth.

Y bore wedyn ffoniodd Mam.

"Shwt ma' Bwda bore 'ma?"

"Iawn. Pam?"

"'Wi'n meddwl ei fod e wedi llyncu tabledi *underactive thyroid* fi."

Caru chi, Mam. Caru ti, Sara. A ddim jest am ofalu am y ci, ond am ofalu amdana inne 'fyd.

WIR NAWR, 'WI'N ADDO

Pan oeddwn i yn yr ysgol 'nes i weithio'n galed achos bydde canlyniadau da yn gwneud pobol yn hapus, ac os oedd pobol eraill yn hapus mi fyddwn inne'n hapus. A wedyn, pan dda'th y cyfle 'nes i fynd i Aberystwyth i astudio am radd oherwydd bydde hynny'n neud pobol yn hapus, ac os oedd pobol eraill yn hapus, mi fyddwn inne'n hapus.

A wedyn 'nes i benderfynu cael lot o ffrindie achos roeddwn i'n meddwl bydde hynny'n neud fi'n hapus, ond na'th e ddim felly 'nes i droi cefn ar lawer ohonyn nhw.

Ges i lot o gariadon achos o'n i'n meddwl bydde nhw'n neud fi'n hapus, ond nethon nhw ddim felly 'nes i droi cefn arnyn nhw hefyd.

'Nes i deithio'r byd achos o'n i'n siwr bydde hynny'n neud fi'n hapus, ond na'th e ddim, felly 'nes i stopio.

A wedyn, clicodd rhywbeth. Nes i sylweddoli 'mod i'n whilo yn y mannau anghywir. Os oeddwn i am fod yn hapus roedd yn rhaid iddo fe ddod o'r tu mewn. Doedd dim angen i fi fynd i whilo. Yn lle rhedeg i ffwrdd roedd rhaid i fi gydnabod yr iselder, esbonio i'r bobol 'wi'n eu caru – yn ffrindie ac yn deulu – sut roeddwn i'n teimlo.

'Wi wedi bod yn ffodus iawn. Roedd y fenyw drws nesa yn deall y pethe hyn, drwy brofiad personol a gwaith. Ei henw yw

Andrea. Dyw hi ddim yn siarad Cymraeg a neith hi byth ddarllen hwn, ond oni bai amdani hi mi fyddwn i yn y gwter neu'n waeth na hynny. Dysgodd hi i fi mai'r cam cyntaf oedd rhannu, a siarad. Mae iselder yn gwneud person yn hunanol. Ond os ydych chi'n barod i gyfaddef wrth rywun, wrth unrhyw un, sut chi'n teimlo, mi newch chi ddarganfod nad ydych chi ar ben eich hunan bach. Mae miloedd…na, miliynau ohonom yn dioddef o'r cyflwr hwn bob dydd.

Ac felly, dros y blynyddoedd diwetha, 'wi wedi dechrau newid fy mywyd. Modfedd wrth fodfedd. Cam wrth gam. 'Wi ddim yn berffeth. 'Wi dal yn whilo esgusodion. 'Wi dal yn cilio. Ond 'wi hefyd wedi dysgu sut i gadw golwg ar yr iselder. Y bwganod. 'Wi ddim ishe swnio'n gawslyd ond 'wi'n gweld y salwch fel rhyw gwmwl du.

Rwyf ar draeth yn edrych ar y môr. Yn amal mae'r awyr yn las, ond gall hynny newid mewn eiliad. Os edrycha i ffwrdd am funud, am eiliad hyd yn oed, mi wela i'r cwmwl ar y gorwel yn dod amdana' i. Ond ar y cyfan 'wi'n llwyddo i gadw llygad arno fe. A phan mae e'n agosáu, 'wi'n ei gydnabod a gweud "diolch yn fawr am ddod draw ond 'sdim isie chi man hyn heddi". A mae hynny'n gam enfawr i fi.

'Wi bellach yn derbyn na fyddai byth y gorau bob tro ond 'wi hefyd yn derbyn nad oes angen bod y gorau ym mhob dim. Ond drwy wneud fy ngorau mi fyddai'n ddigon hapus, diolch yn fawr.

Yn hytrach na throi oddi wrth bobol 'wi nawr yn trial troi tuag atyn nhw. Dyw e ddim yn hawdd, ond 'wi'n gwybod y bydda i'n gwella.

Pan oeddwn i'n cychwyn fy ngyrfa ac yn dysgu shwt i fod yn oedolyn cyfrifol, roedd wal yn disgyn yn Berlin. Heddi mae rhyw dwat yn yr Unol Daleithiau yn sôn am adeiladu wal arall. Sgwn i a ddaw David Hasselhoff i ganu ar ben honno? Dyw rhai pobol byth yn dysgu gwers ond 'wi'n meddwl fy mod i wedi gwneud.

Felly peidwch rhoi gormod o bwyse arnoch chi eich hun; ma' digon o bobol o gwmpas sy'n barod iawn i neud hynny. Mwynhewch bob eiliad. Credwch mewn breuddwydion ac mi ddaw rhai ohonyn nhw'n wir – sdim gwahaniaeth pa mor fach neu fawr y'n nhw – 'wi'n dystiolaeth o hynny.

Byddwch yn barod i ddysgu rhywbeth newydd bob dydd. Dibynnwch ar eich ffrindie a rhowch gyfle iddyn nhw ddibynnu arnoch chi. Derbyniwch bod angen help arnoch chi weithie, a bod bywyd fel caneuon Meatloaf yn cynnwys nodau lleddf a llon.

Chwarddwch ar bob dim, gan gynnwys chi eich hun. A gwenwch. Bois bach, gwenwch.

Flwyddyn nesaf mi fydda i'n hanner cant, a chi'n gwybod beth? 'Wi'n disgwl 'mlan.

Ogi Ogi Ogi?
Oi Oi Oi!
X